中華現代學術名著叢書

上古音研究

李方桂 著

2015年·北京

圖書在版編目(CIP)數據

上古音研究/李方桂著.—北京:商務印書館,2015
(中華現代學術名著叢書)
ISBN 978-7-100-09997-4

Ⅰ.①上… Ⅱ.①李… Ⅲ.①漢語—上古音—研究 Ⅳ.①H111

中國版本圖書館 CIP 數據核字(2013)第 117662 號

所有權利保留。
未經許可,不得以任何方式使用。

本書據商務印書館 1980 年版排印

中華現代學術名著叢書
上 古 音 研 究
李方桂 著

商 務 印 書 館 出 版
(北京王府井大街36號 郵政編碼 100710)
商 務 印 書 館 發 行
北 京 冠 中 印 刷 廠 印 刷
ISBN 978-7-100-09997-4

2015 年 7 月第 1 版　　開本 880×1240　1/32
2015 年 7 月北京第 1 次印刷　印張 4　插頁 1
定價:15.00 元

李方桂

(1902—1987)

出版説明

百年前，張之洞嘗勸學曰："世運之明晦，人才之盛衰，其表在政，其裏在學。"是時，國勢頹危，列強環伺，傳統頻遭質疑，西學新知亟亟而入。一時間，中西學并立，文史哲分家，經濟、政治、社會等新學科勃興，令國人亂花迷眼。然而，淆亂之中，自有元氣淋漓之象。中華現代學術之轉型正是完成於這一混沌時期，於切磋琢磨、交鋒碰撞中不斷前行，涌現了一大批學術名家與經典之作。而學術與思想之新變，亦帶動了社會各領域的全面轉型，爲中華復興奠定了堅實基礎。

時至今日，中華現代學術已走過百餘年，其間百家林立、論辯蜂起，沉浮消長瞬息萬變，情勢之複雜自不待言。温故而知新，述往事而思來者。"中華現代學術名著叢書"之編纂，其意正在於此，冀辨章學術，考鏡源流，收納各學科學派名家名作，以展現中華傳統文化之新變，探求中華現代學術之根基。

"中華現代學術名著叢書"收録上自晚清下至二十世紀八十年代末中國大陸及港澳臺地區、海外華人學者的原創學術名著（包括外文著作），以人文社會科學爲主體兼及其他，涵蓋文學、歷史、哲學、政治、經濟、法律和社會學等衆多學科。

出版説明

出版"中華現代學術名著叢書",爲本館一大夙願。自一八九七年始創起,本館以"昌明教育,開啓民智"爲己任,有幸首刊了中華現代學術史上諸多開山之著、扛鼎之作;於中華現代學術之建立與變遷而言,既爲參與者,也是見證者。作爲對前人出版成績與文化理念的承續,本館傾力謀劃,經學界通人擘畫,并得國家出版基金支持,終以此叢書呈現於讀者面前。唯望無論多少年,皆能傲立於書架,并希冀其能與"漢譯世界學術名著叢書"共相輝映。如此宏願,難免汲深綆短之憂,誠盼專家學者和廣大讀者共襄助之。

商務印書館編輯部
二〇一〇年十二月

凡 例

一、"中華現代學術名著叢書"收録晚清以迄二十世紀八十年代末,爲中華學人所著,成就斐然、澤被學林之學術著作。入選著作以名著爲主,酌量選録名篇合集。

二、入選著作内容、編次一仍其舊,唯各書卷首冠以作者照片、手迹等。卷末附作者學術年表和題解文章,誠邀專家學者撰寫而成,意在介紹作者學術成就,著作成書背景、學術價值及版本流變等情况。

三、入選著作率以原刊或作者修訂、校閲本爲底本,參校他本,正其訛誤。前人引書,時有省略更改,倘不失原意,則不以原書文字改動引文;如確需校改,則出脚注説明版本依據,以"編者注"或"校者注"形式説明。

四、作者自有其文字風格,各時代均有其語言習慣,故不按現行用法、寫法及表現手法改動原文;原書專名(人名、地名、術語)及譯名與今不統一者,亦不作改動。如確係作者筆誤、排印舛誤、數據計算與外文拼寫錯誤等,則予徑改。

五、原書爲直(横)排繁體者,除個别特殊情况,均改作横排簡體。其中原書無標點或僅有簡單斷句者,一律改爲新式標點,專名號從略。

六、除特殊情況外,原書篇後注移作脚注,雙行夾注改爲單行夾注。文獻著録則從其原貌,稍加統一。

七、原書因年代久遠而字迹模糊或紙頁殘缺者,據所缺字數用"□"表示;字數難以確定者,則用"(下缺)"表示。

目　　錄

上古音研究 …………………………………………………… 1
　中古音系 …………………………………………………… 5
　上古聲母 …………………………………………………… 9
　上古的介音 ………………………………………………… 20
　上古的元音系統 …………………………………………… 26
　上古的韻尾輔音及四聲 …………………………………… 31
　上古韻部的各別討論 ……………………………………… 35
　　（一）之部 ………… 36　　　（十二）葉部 ……… 55
　　（二）蒸部 ………… 38　　　（十三）談部 ……… 56
　　（三）幽部 ………… 39　　　（十四）魚部 ……… 57
　　（四）中部 ………… 42　　　（十五）陽部 ……… 59
　　（五）緝部 ………… 42　　　（十六）宵部 ……… 60
　　（六）侵部 ………… 44　　　（十七）脂部 ……… 63
　　（七）微部 ………… 45　　　（十八）真部 ……… 65
　　（八）文部 ………… 47　　　（十九）佳部 ……… 66
　　（九）祭部 ………… 49　　　（二十）耕部 ……… 68
　　（十）歌部 ………… 52　　　（二十一）侯部 …… 70
　　（十一）元部 ……… 53　　　（二十二）東部 …… 71
　總論 ………………………………………………………… 73

參考著作選目 …………………………………………… 77
幾個上古聲母問題 …………………………………… 83
中國上古音聲母問題 ………………………………… 93

李方桂先生學術年表 ……………………… 高永安 102
《上古音研究》述要 ……………………… 高永安 109

上古音研究

　　1968年夏天我在臺北臺灣大學講了六次上古音的問題。這不過是粗枝大葉的講演,是一個尚未十分肯定的假想系統。我在美國華盛頓大學也講了十幾年的上古音韻,每次講演也都有不少更改的地方。現在我想把那年夏天的講演稿整理出來。那雖然仍是一個未定稿,可是也許可以啟發對這方面有興趣的人再作進一步的研究。這裏面的問題很多,上古音系裏有許多枝節問題都暫時避免討論,有許多假想仍要更多的材料去證實。

　　上古音是漢語歷史的一部分。想對漢語的歷史有一個比較清楚的概念,我們不得不知道上古音系是怎麼樣。這個問題在中國早就有人注意到,所以顔之推(《家訓音辭》篇)就說"古語與今殊別"。但是他的主要目的是定一個當時通用的標準音,所以他要參校方俗,考覈古今,爲之折衷。這也是《切韻》的宗旨。他並沒有想考定古音。一直到陳第(《毛詩古音考》自序)才更透澈的說:"蓋時有古今,地有南北,字有更革,音有轉移,亦勢所必至。故以今之音讀古之作,不免乖剌而不入。"可是一直到現在我們仍然以現代的國音,或者以別的現代方音去讀先秦的古籍。我們所以有這種不合理的辦法,一方面是因爲上古音韻系統還沒有十分確定,另一方面是讀古書的人往往忽視古音的重要性。

　　清朝這一代可以說是對於上古音的研究貢獻最大的一個時

期。從顧炎武起經過江永、段玉裁、孔廣森、江有誥、王念孫等人的研究，把上古音的系統建設在一個相當穩固的基礎上。他們不僅是對上古音有興趣，他們還利用他們的上古音系去解釋先秦古籍裏許多訓詁、校訂文義的問題。他們對解釋先秦古籍的貢獻極爲偉大，尤其是段玉裁的《説文解字注》，朱駿聲的《説文通訓定聲》，王氏父子的《廣雅疏證》，《經傳釋詞》，《經義述聞》等。他們所以有許多新的見解的緣故，我想大部歸功於他們對於上古音有瞭解。近年來高本漢的《詩經集注》，《書經集注》等（參看 B. Karlgren: *Glosses on the Book of Odes*, BMFEA 14, 16, 18 [1942—1946], *Glosses on the Book of Documents*, BMFEA 20, 21 [1948—1949]）也有他的上古音系的背景。

　　談到上古音，我們不能不先簡短的介紹一下清代學者對於這一方面的貢獻。

　　（一）先秦古籍的用韻，尤其是《詩經》用韻的研究。他們把互相押韻的字歸到一組，叫做韻部，或簡稱部。例如風字雖然在《切韻》時代是東韻字，但是在《詩經》裏卻常跟心、林、音等侵韻的字押韻，而不跟別的東韻字押韻。所以他們就把風字歸入侵部裏去。用這個方法他們把古籍用韻的字分成若干部。最初顧炎武分十部，江永分十三部，段玉裁分十七部，江有誥分二十一部。後來夏炘又參考王念孫的意見分二十二部。從此看來他們的分部越來越細。不但分部細密，並且還可以從些例外的韻——所謂合韻——看出各韻部在語音上的距離。

　　（二）凡是古書裏押韻的字固然可以用系聯韻脚的辦法歸入各部，但是有許多字根本没有押過韻。這類字怎麽能夠決定是屬於哪一個韻部呢？對於這個問題清朝的學者就利用諧聲字的研究來解決。諧聲字的問題，宋人已發其端，但是最有貢獻的人是段玉裁。他成系統的把諧聲偏旁（所謂聲符）分爲韻部。他以爲同一諧聲偏旁的字在古韻裏同屬一部。比方説母、海、悔這類從母得聲的字同屬一個韻部，因爲這類字都跟之部字押韻。但是每字不入韻。因爲它也是從母得聲的字，所以不可歸入之部，因此不押韻的字也可以歸到押韻的系統裏去了。諧聲字所表現出來的系統大體與押韻系統相合。其中稍有差異的地方，似乎表示有些諧聲系統可能比押韻系統更古一點兒。

拿研究諧聲字所得到的結果跟研究《詩經》用韻的結果互相印證，這是一件很重要的貢獻。這兩方面的研究是根據兩種不同的材料，用不同的方法所得到的結果。能相合，能互相印證，這使我們對於韻部的分類更可相信。後來人討論上古音的時候，往往就把諧聲偏旁分別列出，凡從某某偏旁得聲的字就屬於某某韻部。雖然其中也有不少小的枝節問題，但是大體上我們已經有了很好的基礎了。

（三）凡是研究上古音的人都拿《切韻》的系統（或稱《廣韻》，或稱《唐韻》）來作出發點，跟上古的韻部作一個比較，顧炎武雖然深歎今音（指《切韻》時代的音）行而古音亡，可是也不能不嚴遵《廣韻》的分韻。因此他們發現古韻屬一部的，到了隋唐的時候往往分成幾個韻。隋唐屬同一韻的，在上古音系裏得分入幾個不同的韻部。依照這種關係，他們可以從古韻和今韻（指《切韻》系統）的分合上得出一個上古音到中古音中間的演變的痕迹，看看上古音系怎樣演變成中古音系。這是他們的第三個貢獻，雖然他們的眼光和説法跟我們不一樣。

那時候他們認爲越古越好，越古越對。那是當時尊經重道的看法,顧炎武拿《廣韻》跟上古韻部比較的時候,就有所謂《唐韻正》之作。後來江有誥也有《唐韻四聲正》。我們現在的看法當然不一樣,因爲語音的演變是應有的現象,無所謂對不對。一時有一時的標準。我們既不該以今律古,也不該以古律今。

　　以上三項我覺得是他們對於上古音韻系統最大的貢獻。其他的研究如錢大昕對古聲母的意見,以及一般經學大師對於古籍的新見解,那都是值得注意的。但是如果就整個系統而言,我們仍然不能脫離以上三項的範圍,依然得用他們所供給的寶貴材料。

　　近三四十年來有許多音韻學者對上古音發生了興趣,尤其是自從高本漢把《切韻》用語音符號標出來以後。有些人也想用語音符號去擬測上古音。這在音韻學上是一個大進步。用語音符號去定上古音是比較細密的工作,比從前只用韻部、聲類等的區分法要詳細,但是也因此發生了許多新的問題。在這方面有貢獻的中國外國都有(詳見參考著作選目)。我們的主要目的是考察各人的意見,採取他們對上古音系有啟發的地方,綜合起來提出一個假想系統,看它是否可以解釋各種分歧的現象,滿足各方面的要求。最初擬測上古音的時候各人的意見很不一樣,現在我想雖然仍有異見,但是大體有漸趨一致的傾向。這個時候作一個檢討,是一件很有用的事情。

　　此外有些新方向對研究上古音系也很有用處。

　　(一)借字的研究。如果有相當數目的借字不管是從哪國來的,只要是秦漢時代或更古的借字都可以對上古音的擬測有幫助。蒲立本(Pulleyblank,1962—1963)就利用不少這方面的材料來考訂他的上古音。我也曾經研究過古代台語 Tai 的借字問題(1945)。這類字可惜都不甚多,不容易拿來作成系統研究的根據,只能作零星的考訂及印證而已。但是仍有啟發性,其用處仍不能否認。

(二)漢語與別的藏漢語系的語言的比較研究,這是將來發展漢語上古音系的一條大路,也有不少人嘗試,如西門華德(Simon, 1930),謝飛(Shafer, 1940, 1941, 1944, 1950),施立策(Sedláček, 1962, 1964, 1967)等。可是這種工作一直到現在還只是初步的,還沒有十分肯定的結論。我們現在可以應用的也不過少數比較可靠的例子拿來作上古音系的印證而已,還沒有作到成系統的擬測藏漢語系的原始語音系統。

(三)經籍異文假借與漢代的聲訓。用這種材料來考訂上古音的近似音值。中國學者有不少人走這條路。假借與諧聲字也不易分開。近年來外國學者也有貢獻。這類工作雖然對上古音值有所啟發,但是也不能成系統的擬測古音。聲訓漢代最爲流行,也有不少可以啟發上古音的考訂的地方。

就現在的階段而言,能成系統的考訂上古音系的方法仍然要依據前面所提到清代學者的研究:(一)古韻的分部(二)諧聲字的系統(三)上古韻部與《切韻》的比較,以明瞭音韻的演變。如果把前人所得的材料重新考察一下,仍有擬定一個新系統的必要。

中古音系

中古音系就是指《切韻》音系而言。研究上古音不能不拿《切韻》音系來作根據。顧炎武雖然想拿《詩經》三百五篇來作古人的韻書,但是在討論上古音時仍不得不依據《廣韻》。所以他說(《音學五書》答李子德書 7a)"故吾之書一循《廣韻》之次第而不敢輕更"。近年來關於《切韻》音系的書或者文章也不少(詳見參考著作選目),不過我只採用高本漢所擬的系統,因爲他的系統已普遍被採納,而且有工具書可供檢查。

這裏所採用的高本漢的《切韻》音系稍有更改。一方面是爲印刷方便起見,語音符號變更,如吐氣符號一律改爲-h-,三等韻的介音-i̯-改爲-j-等。一方面《切韻》有不同的韻而高的寫法不分的,如脂之兩韻都寫作i,佳夬兩韻都寫作ai。爲區別起見脂寫作i,之寫作ï,夬寫作ai,佳寫作aï。還有三等韻的重紐部分,高也不分,現在重紐三等如喬寫作gjäu,四等如翹寫作gjiäu,三等如丕寫作phji,四等如紕寫作phi等。如此《切韻》裏一切的區別都可以反映出來。

另一方面對高擬定的中古音值稍有更正。這因爲對於上古音的擬測有關,不得不改。

(一)《切韻》系統的濁母、塞音或塞擦音,高認爲是吐氣的,馬伯樂認爲是不吐氣的。近年來對於這個問題也有不少的討論。至少在《切韻》時代濁母吐氣與否不是一個重要的區別,因爲只有一套濁母,這也跟普通藏漢系的語言如西藏話的情形相同。但是高本漢認爲濁母是吐氣的,所以引起他在上古音系裏另立了一套不吐氣的濁母,我覺得這是不必要的,他以爲不吐氣的濁母,後來在現代方言裏有變成吐氣的(如客家話,或北京話的陽平字等)在音理上不易解釋。他的理由並不充足,所以我們認爲《切韻》的濁母、塞音或塞擦音,都是不吐氣的 b-, d-, g-, dz- 等。

(二)知徹澄娘等母高本漢以爲是舌面前的塞音及鼻音 t̂-, t̂h-, d̂h-, ñ-。羅常培根據梵漢對音把這些聲母擬爲捲舌音 retroflex 或 supradental。就《切韻》音系的聲母分配情形來看,"知徹澄娘"等母跟照₂穿₂牀₂審₂等捲舌音很相似,都可以在二等韻母前出現,也可以在三等韻母前出現。但是舌面前的塞擦音照₂穿₂牀₂審₂日等母只能在三等韻母前出現。如果知徹澄娘等母是舌面前音的話,我們看不出來爲什麽跟同是舌面前的塞擦音的分配這樣的不一致。

再者,依高本漢的學說知徹澄娘跟照₂穿₂牀₂審₂都是從上古的舌尖前音,受二等韻母的影響變來的,我們也找不出適當的理由去解釋爲什麼二等韻母對於一種舌尖前音使它變成舌面前音如知徹澄娘等,對於另一種舌尖前音使它變成舌尖後音如照₂穿₂牀₂審₂等。這種不同的演變在音理上也不易說明。因此我們決定把知徹澄娘等母認爲是捲舌音,寫作 ṭ-, ṭh-, ḍ-, ṇ-,以與照₂穿₂牀₂審₂ tṣ-, tṣh, dẓ, ṣ-相配合。

現在把中古音系裏的聲母韻母列表如下,以便與高本漢的系統對照。

(一)中古聲母:

幫 p-　　滂 ph-　　並 b-　　明 m-
端 t-　　透 th-　　定 d-　　泥 n-　　　　來 l-
知 ṭ-　　徹 ṭh-　　澄 ḍ-　　娘 ṇ-
精 ts-　　清 tsh-　　從 dz-　　　　心 s-　　邪 z-
照₂ tṣ-　　穿₂ tṣh-　　牀₂ dẓ-　　　　審₂ ṣ-
照₃ tś-　　穿₃ tśh-　　牀₃ dź-　　日 ńź-　審₃ ś-　禪 ź-
見 k-　　溪 kh-　　羣 g-　　疑 ng-　曉 x-　匣 ɣ-
影 ˑ-　　喻₃ j-　　喻₄ ji-①

---

① 有些人以爲喻₃可以跟匣相配而寫作 ɣj-,這也許是在《切韻》時期以前的情形,到了隋唐的時候顯然喻₃已與匣母分離而近乎喻₄了,因此我也暫以區別重紐三四等的辦法去區分它。

（二）中古韻母：

舉平以賅上去。入聲也只把韻尾的鼻音改爲塞音，如-m 改爲-p，-n 改爲-t，-ng 改爲-k，跟陽聲韻相配，所以也不另立表。

		一等	二等	三等（及重紐四等）	四等
果攝	開	歌 â	麻 a	麻 ja，戈 jâ	——
	合	戈 uâ	麻 wa	戈 juâ	——
遇攝		模 uo	——	魚 jwo	——
		——	——	虞 ju	——
蟹攝	開	哈 ɑi	皆 ăi	祭 jäi(jiäi)	齊 iei
	合	灰 uɑi	皆 wăi	祭 jwäi(jwiäi)	齊 iwei
	開	泰 âi	夬 ai	廢 jɐi	——
	合	泰 wâi	夬 wai	廢 jwɐi	——
	開	——	佳 aï	——	——
	合	——	佳 waï	——	——
止攝	開	——	——	支 jě(jiě)	——
	合	——	——	支 jwě(jwiě)	——
	開	——	——	脂 ji，i(i)	——
	合	——	——	脂 jwi，wi(wi)	——
	開	——	——	之 ï	——
	開	——	——	微 jěi	——
	合	——	——	微 jwěi	——
效攝		豪 âu	肴 au	宵 jäu(jiäu)	蕭 ieu
流攝		侯 ǝu	——	尤 jǝu	——
		——	——	幽 jiǝu	——
咸攝		談 âm	銜 am	鹽 jäm(jiäm)	添 iem
		覃 ɑm	咸 ăm	嚴 jɐm	——
		——	——	凡 jwɐm	——
深攝		——	——	侵 jǝm(jiǝm)	——
山攝	開	寒 ân	删 an	仙 jän(jiän)	先 ien
	合	桓 uân	删 wan	仙 jwän(jwiän)	先 iwen
	開	——	山 ăn	元 jɐn	——
	合	——	山 wăn	元 jwɐn	——

		一等	二等	三等（及重紐四等）	四等
臻攝	開	痕 ən	——	臻 jɛn	——
	合	魂 uən	——	——	——
	開	——	——	真 jěn(jiěn)	——
	合	——	——	諄 juěn(juiěn)	——
	開	——	——	欣 jən	——
	合	——	——	文 juən	——
宕攝	開	唐 âng	——	陽 jang	——
	合	唐 wâng	——	陽 jwang	——
梗攝	開	——	庚 ɐng	庚 jɐng	青 ieng
	合	——	庚 wɐng	庚 jwɐng	青 iweng
	開	——	耕 ɛng	清 jäng	——
	合	——	耕 wɛng	清 jwäng	——
曾攝	開	登 əng	——	蒸 jəng	——
	合	登 wəng	——	職 jwək	——
通攝		東 ung	——	東 jung	——
		冬 uong	——	鍾 jwong	——
江攝		——	江 ång	——	——

上古聲母

上古聲母可以分兩部分去討論：（一）簡單的聲母，（二）複合的聲母。第二項問題更複雜，暫時留到後面，我們先討論簡單的聲母。

使我們可以得到上古聲母的消息的材料，最重要的是諧聲字的研究。其中假借、異文、聲訓也有協助的地方。在研究諧聲字這方面，高本漢發現過幾條重要的原則（《分析字典序》1923），後來董同龢也有補充的地方（《上古音韻表稿》1944），諧聲字有許多複雜的現象,暫時不能規律化,但是我覺得有兩條原則應當謹慎的,嚴格的運用,也許對於上古音的擬測上有幫助。其他例外的諧聲字也許得別尋途徑去解釋,最可利用的便是複聲母的存在。

爲了敘述方便起見,我們暫擬了兩條簡單的原則,然後看看近來所擬定的上古音聲母是否都合乎這兩條原則。如果有不合的地方,是否可以修改。這兩條原則是:

（一）上古發音部位相同的塞音可以互諧。

（a）舌根塞音可以互諧,也有與喉音（影及曉）互諧的例子,不常與鼻音（疑）諧。

（b）舌尖塞音互諧,不常跟鼻音（泥）諧。也不跟舌尖的塞擦音或擦音相諧。

（c）唇塞音互諧,不常跟鼻音（明）相諧。

（二）上古的舌尖塞擦音或擦音互諧,不跟舌尖塞音相諧。

依這兩條原則當然實際上可以發現些例外,這些例外也許另有解釋的必要,但是我們不妨嚴格的運用這兩條原則來考察近人對上古聲母的擬測,看看他們的聲母是否合乎這兩條原則。如果不合的話,我們也許對上古聲母系統應當有一個新的估計。以下四條就使我們對他們的上古聲母系統發生疑問的地方。

（一）高本漢等擬了一套上古的舌面塞音 $^*\hat{t}$-, $^*\hat{t}h$-, $^*\hat{d}$-, $^*\hat{d}h$- 等。這套聲母跟上古的舌尖塞音 $^*t$-, $^*th$-, $^*d$-, $^*dh$- 互諧,例如終 $^*\hat{t}$-:冬 $^*t$-,充 $^*\hat{t}h$-:統 th-,禪 $^*\hat{d}$-:單 $^*t$-,神 $^*\hat{d}h$-:電 $^*dh$- 等。這兩套依高本漢的擬定一套是舌面音,一套是舌尖音,發音部位並不相同,不應當諧聲,這兩套所以諧聲的緣故,一定是原來發音部位相同。再者我們也不難決定它們原來發音的部位,因爲世界上的語言有舌尖塞音的多,有舌面塞音的少。舌面塞音多數是從舌尖音腭化來的。高本漢這套舌面音只見於有介音 *j 的三等韻裏,其條件正合乎一般語言的原理,所以我們暫時擬定以下的演變律。

上古 *t-等 + *-j- > *t̂j-等 > 中古 tśj-等。

(二)高本漢擬了一套上古的捲舌塞擦音 *tṣ-, *tṣh-, *dẓh-, *ṣ-等。這套音跟上古的舌尖前塞擦音 *ts-, *tsh-, *dzh-, *s-等互相諧聲,如阻 *tṣ:祖 *ts-,雛 *dẓh-:趨 *tsh-,愁 *dẓh-:秋 *tsh-,瘦 *ṣ-:嫂 *s-,測 *tṣh-:則 *ts-等。捲舌音與舌尖前音發音部位也不同,不應當諧聲。他的這套捲舌音原是没有辦法而把中古的捲舌音推到上古去的。董同龢把他取消了,這是對的,雖然他的看法與我們的看法不大一樣。

(三)董同龢擬了一套上古的舌根前塞音 *k̂-, *k̂h-, *ĝh-, *x̂-等,這套音與上古的舌根後音 *k-, *kh-, *gh-, *x-等互諧,如赤 *k̂h-:赫 *x-,示 *ĝh-:祁 *gh-,紙 *k̂-:氐 *gh-,鹹 *k̂-:咸 *gh-等。但是這兩套音發音部位也不一樣,不應當互諧。這套音在上古時代究竟該是什麼,問題複雜,留到後面再説。

(四)高本漢等的上古 *ś-, *dz 等也常跟舌尖塞音互諧,如庶 *ś-:度 *dh-,深 *ś-:探 *th-,徐 *dz-:途 *dh-等,這不但發音部位不同,並且塞音也不該與塞擦音或擦音相諧,當是另有來源。

如果我們嚴格的運用諧聲原則,就會發生上面的疑問。也許有人説上古諧聲系統並不如此的嚴格,不該這樣嚴格的解釋。這話也許是對的,但是如果不這樣嚴格的試驗一下,就不知道究竟如何解釋我們的諧聲系統。假如我們有一個辦法可以跟嚴格的解釋相合,而且使上古的音系更簡單化,更合理化,那麼我想就不難決定應當如何解釋了。

現在就近來學者所擬定的上古聲母系統的分配上再看一看，也可以看出一些很特殊的現象。這種分配不均匀的現象可以指示我們應當作進一步的研究，現在先舉高本漢的上古聲母系統作個例子，別人的如董同龢、王力等的系統也可依此類推。

高本漢上古聲母表

p	ph	(b)	bh	m		l
t	th	d	dh	n		z
ts	tsh	dz	dzh		s	
tṣ	tṣh		dẓh		ṣ	
t̂	t̂h	d̂	d̂h	ń	ś	
k	kh	g	gh	ng	x	·

這個聲母系統排列起來似乎很整齊。我把其中的十五個聲母用筆圈出來成一個類似十字的形狀。這十五個聲母只在有介音 j 的三等韻前出現，別的十九個聲母可以在任何韻母前出現。這兩類聲母分配的情形很不一樣。在全體三十四個聲母中幾乎有半數的聲母分配很特殊，很有限制，這使我們對於這十五個聲母發生疑問。

高本漢對於這類聲母也覺得奇怪（*Compendium*,1954,275—276 頁）。但是他只提出他的 *g-跟 *d-，以為這兩個聲母在上古時期不止在三等韻裏出現，應當普遍的存在，但是跟別的聲母如 *ng-、*dh-等混了，現在無法分辨出來了。我們以為其餘的十三個聲母也應當特別受注意，這些聲母恐怕不是原有的，是受特殊環境的影響而分化出來的。尤其是這些聲母大多數是上面提到與諧聲原則不合的。

现在可以分条的讨论我们认为可疑的上古声母了。其中最显著的就是那套不吐气的浊塞音，我们既然认为中古的浊塞音是不吐气的，就没有理由说它是从上古吐气的浊塞音来的，它在上古时代也是不吐气的浊塞音，因此那套吐气的浊塞音 *bh-, *dh-, *dzh-, *gh-等就都得改拟为 *b-, *d-, *dz-, *g-等。他所拟的那套不吐气浊塞音另有来源。

先谈他的 *b-。这个声母极少见，他用括弧把它括起来，还加一个问号，例如聿 *bi̯wət（？）。他还有少数带 b-的复声母，如律 *bli̯wət。聿字应当也是从复声母 *brj-变来的（或者说是唇音后有介音 r 又有介音 j 的环境之下变来的），这类字极少，与整个的系统之拟定无大影响。

他的 *d-是中古时代的喻母四等，他把喻母四等分为两类，一类是从上古 *d-来的，一类是从上古 *z-来的，这种分法的困难，董同龢已经分辨清楚（《上古音韵表稿》，18—20 页）。大体上看来，我暂认喻母四等是上古时代的舌尖前音，因为他常跟舌尖前塞音互谐。如果我们看这类字很古的借字或译音，也许可以得到一点线索。古代台语 Tai Language（Li, 1945, 340 页）用 *r-来代替酉 ji̯əu 字的声母，汉代用"乌弋山离"去译 Alexandria 就是说用弋 ji̯ək 去译第二音节 lek，因此可以推测喻母四等很近 r 或者 l。又因为它常跟舌尖塞音谐声，所以也可以说很近 d-。我们可以想象这个音应当很近似英文（美文也许更对点儿）ladder 或者 latter 中间的舌尖闪音（flapped d，拼写为-dd-或-tt-的），可以暂时以 r 来代表它，如弋 *rək、余 *rag 等。到了中古时代 *r-就变成 ji-了，参考古缅甸语的 r-变成近代的 j-的例子。喻母四等还有跟唇音或舌根音互谐的例子，如聿（参看笔）、盐（参看监）等，这类的字可以拟作 *brj-或 *grj-。

跟喻母四等很相似的有邪母，這個聲母也常跟舌尖塞音及喻母四等互諧，一個字又往往有邪母跟喻母四等的兩讀，如羊 jiang 又讀作祥 zjang，頌字有 zjwong 及 jiwong 兩讀，邪字有 zja 及 jia 兩讀，鱏字有 zjəm 及 jiəm 兩讀等。其實邪母與喻母四等的諧聲狀況很相似，如余 jiwo∶徐 zjwo∶途 duo，以 jïï∶似 zï∶台 thâi，射 jia, jiäk∶謝 zja∶麝 dźja，予 jiwo∶序 zjwo∶杼 djwo 等，所以我以爲邪母也是從上古 *r- 來的，後面有個三等介音 j 而已。因此我們可得下面的兩條演變律：

上古 *r- > 中古 ji-（喻四等）。
上古 *r+j- > 中古 zj-（邪）。

中古審母三等高本漢以爲是從上古的 *ś- 來的，可是從諧聲字看起來，它常跟舌尖塞音互諧，如深 śjəm∶探 thậm，庶 śjwo∶度 duo，詩 śï∶特 dək，始 śi∶台 thậi，輸 śju∶偷 thəu 等。許多現代方言仍有塞擦音 tsh- 或 tṣh- 的讀法，如奢、深、豕、矢、手、鼠、暑等（高本漢《中國音韻學研究》譯本，298—302 頁），無論如何，擦音 *ś- 不該跟塞音互諧，我們以爲審母三等應當是從上古塞音來的，不過這要牽扯到複聲母問題，以後還得討論。

中古的知 t-，徹 th-，澄 d-，娘 n-，照₂ tṣ-，穿₂ tṣh-，牀₂ dẓ-，審₂ ṣ- 等捲舌聲母，在二等韻母的前面，一般人都以爲是受二等韻母的元音的影響，從舌尖音變來的。但是這些聲母也在三等韻母前出現。三等韻母是有介音 j 的，它只應當腭化前面的聲母，不應當捲舌化。此外如果我們承認二等韻母在上古時期另有一套元音與一等韻的元音有分別，那麼上古的元音系統要變的十分複雜，要有長短、鬆緊之分，並且得承認長短、鬆緊以及其他不同的元音都可以在上古時期裏常常押韻。這顯然不是一個適當的解決的辦法，因此我想這些聲母後面一定另有一套介音可以使它捲舌化，前面我們已經擬一個 *r-聲母，這個 *r-正可以當作這些聲母後的介音，所以我們可以有以下演變。

上古 *tr-，*thr-，*dr-，*nr- > 中古知 ṭ-，徹 ṭh-，澄 ḍ-，娘 ṇ-。

上古 *tsr-，*tshr-，*dzr-，*sr- > 中古照₂ tṣ-，穿₂ tṣh-，牀₂ dẓ-，審₂ ṣ-。

這個介音 *r 不但可以在舌尖音後出現，也可以在任何別的聲母後出現，也可以在介音 *j 的前面出現，不過在唇音及舌根音後這個介音多數已在中古時期失去，只有 *grj-變成 ji-（喻母四等與舌根音諧聲的字） *brj-也變成 ji-（喻母四等與唇音諧聲的字）。

娘母 ṇ-在《守溫韻學殘卷》裏與泥母不分，在近代方言中也跟泥母沒有什麼不同的演變。我以爲上古 *n-後面的 *r 在有些方言中使鼻音捲舌化成 ṇ-，有些方言就只失去而不影響鼻音。就一般的語言而論，鼻音的分辨遠不如塞音分辨的細，所以有些方言不分泥娘並不奇怪。

中古的照₃ tś-，穿₃ tśh-，牀₃ dź-，禪 ź-，日 ńź-等母都跟舌尖前塞音諧聲，又只在三等有 j 介音的韻母前出現，我們前面已經定它是舌尖前塞音受腭化作用而變成中古時期的塞擦音，其中只有牀禪兩母不易分辨。我以爲牀禪兩母有同一的來源。中古時代《切韻》系的韻書雖有牀禪之分，但是從它分配的情形看來，除去少數例外，大都有牀母字的韻就沒有禪母字，有禪母字的韻就沒有牀母字。從近代方言的演變看起來，牀禪也不易分辨。《守溫韻學殘卷》也只有禪母而無牀母，也可以説是禪牀不分。其他字書如《經典釋文》、原本《玉篇》（從《萬象名義》的反切系統考訂而得的，參看周祖謨《問學集》上，1966，315—316 頁）也不分牀禪。因此《切韻》

系統的分牀禪兩母似乎有收集方音材料而定爲雅言的嫌疑。我們不能根據《切韻》系統的區分而硬擬定上古時期也有兩個不同的聲母。我們情願把《切韻》系統的分牀禪認爲是方音的混雜現象，所以我們暫時定上古 *d + j-> 中古牀₃ dź-，或者禪 ź-。

中古的見 k-，溪 kh-，羣 g-，曉 x-，匣 γ-，影 ˙-等母大致可以互諧，可是開口韻多與開口韻諧，合口韻多與合口韻諧，其中雖然稍有例外，但是大體如此。在中古音系中我們把合口呼認爲是介音 w 或 u，與介音 j 一樣看待，介音 j 對諧聲字並不發生任何影響。一二等的韻母往往與三等韻母諧聲，如蔡 tshâi：祭 tsjäi，單 tân：禪 źjän 等。合口的觀 kuân：權 gjwän 這類字就不跟開口韻的字如干 kân，乾 kân, gjän 等諧聲了，合口介音似乎跟三等的介音不同，應當算是聲母的一部分。上古時期似乎有一套圓唇舌根音（labio-velars） *kw-， *khw-等（爲印刷方便起見不寫作 *kʷ-， *khʷ-等），這個問題與整個的開合口的問題有關，因此不能不先大略的談談開合口問題。

《切韻》系統裏有許多合口韻母，只見於唇音及舌根音聲母，在別的聲母後絕對不見或極少見，如微、廢、齊、夬、佳、皆、元、先、文、唐、陽、登、庚、耕、清、青等韻（舉平以賅上去入）。此外有些韻不分開合，有的認爲開，有的認爲合，如模、魚、虞、豪、肴、宵、蕭、侯、尤、幽、江、東、冬、鍾以及覃、談、銜、咸、鹽、添等韻。至於合口韻母見於一切聲母之後的不多，如歌（戈）、寒（桓）、咍（灰）、泰、祭、山、刪、仙、痕、（魂）等，這些韻似乎很有限制，韻尾多收-n(-t)，-i，少數-â。如果暫時把這少數的韻除外，留到後來討論每個韻部的時候再來敘述這類合口的來源，我們可說合口介音多半是受唇音及圓唇舌根音聲母的影響而起的。唇音的開合口字在《切韻》時期已不能分辨清楚，在上古時期也沒分開合的必要，只有舌根音的開合口應當區別。

合口的介音 w 或 u 有的是後起的，從開口變來的，這個現象在有些韻裏已經公認了，如度 duo < *dag（參看度之又讀 dâk），路 luo < *glag（參看各 kâk）等。但是後起的合口介音似乎不限於此。《切韻》系統裏有痕韻開口只見於舌根音後（有一個例外吞 thən 字），而它的合口魂韻可以在任何聲母後出現。這跟前面所說的合口字只見於唇音及舌根聲母的韻剛好相反，換言之在這兒也只有舌根後可分開合，如痕 ɣən：魂 ɣuən，在別的聲母後只有 -uən 而沒有 -ən。吞字在近代方言中也有跑到合口裏去的。在這種情形之下，我疑心魂韻的合口似乎是後起的，是從開口變來的：舌尖音 + ən > 舌尖音 + uən，後起的合口情形也相當複雜，只能在討論每個韻部的時候再細說明。

我們現在把些枝節問題暫時保留，就大體而言可以立一套圓唇舌根音 *kw-, *khw-, *gw-, *ngw-, *hw-, 及 **w-，這些聲母也就是中古的大部分的合口的來源。

舌根音中還有匣母 ɣ- 跟羣母 g-, 喻母三等 j 的相配合的問題。高本漢以匣母跟羣母相配合，擬為上古的 *gh-，在一二四等韻前變為中古的匣母，在三等韻前變為羣母，他又把喻母三等認為是從上古 *g- 來的。董同龢以匣母跟喻母三等相配合，擬為上古的 *ɣ-，一二四等字在中古的仍保留為 ɣ-，三等字則變為 j-，他把羣母仍擬為 *gh-，又擬了一個 *g- 來代表與舌根音諧聲的喻母四等字。我們既然認為上古音系中沒有分辨濁母吐氣或不吐氣的必要，所以它們的擬測不容易接受。最值得注意的是喻母三等多數是合口字（其中少數的開口字可以暫時保留另有解釋），因此我們可以認

17

喻母三等是從圓唇舌根濁音 *gw + j-來的，羣母是不圓唇的舌根濁音 *g + j-來的，或者是 *gw + j + i-來的（詳見各韻部的討論），開口的喻母三等字常見的爲矣 jï，焉 jän 都是語助詞，語助詞在音韻的演變上往往有例外的地方（失去合口成分）。其他喻三開口字也多數可以用唇音異化作用（dissimilation）去解釋，如鴞 jäu 可以認爲是 *gwjagw > *jwäu > jäu，燁 jäp 可以認爲是 *gwjap > *jwäp > jäp 等的演變程式。此外雖然仍有不易解釋的例子還要進一步的研究，但是大體上我們只須要有 *g-及 *gw-就可以解釋大多數的字，其演變律如下：

上古 *g + j-(三等) > 中古羣母 g + j-

上古 *g + (一、二、四等韻母) -> 中古匣母 γ-

上古 *gw + j- > 中古喻三 jw-

上古 *gw + j + i- > 中古羣母 g + j + w-

上古 *gw + (一、二、四等韻母) -> 中古匣母 γ + w-

清鼻音聲母的問題，董同龢已開其端，他把中古曉母字與唇音明母互諧的，都認是從上古的清鼻音 *hm-來的。我們把這類音寫作 *hm-一方面是爲印刷方便，一方面我們也疑心所謂清鼻音可能原來有個詞頭，把鼻音清音化了。這且放下不提，且説董的清鼻音聲母的證據十分充足，如每 muậi：悔 xuậi，勿 mjuət：忽 xuət，民 mjiĕn：昬 xrən 等，大體看起來 *hm-似乎變成中古曉母合口 xw-(xu-)等，但是也有少數變成開口的，如海 xậi，黑 xək（參看墨 mək）等。

除去清鼻音的唇音聲母，我想仍有別的清鼻音聲母。比方説有些泥母日母跟娘母字往往跟吐氣清音透母徹母諧聲。如果我們以爲鼻音可以跟塞音自由互諧的話，應當是泥母娘母跟定母澄母互諧，因爲都是濁音，但是事實上這類的例子幾乎沒有。這種吐氣清塞音跟鼻音互諧，一定有它的原故。我在貴州調查黑苗的語言的時候，就發現他們的清鼻音 ŋ̥-聽起來很像是 ŋ̥th-，因此我們也可以想象 *hn-變爲 *hnth-，再變爲 th-的可能，例如態 thâi：能 nəng，嘆，灘 thân：難 nân，丑 thjə̆u：紐 njə̆u，聃 thâm 又讀 nậm（高本漢從《集韻》入談韻 nâm，但是《刊謬補缺切韻》入覃韻 nậm），絮 thjwo 又讀 njwo，慝 thək：匿 thjak：若 ńźjak，諾 nâk，妥 thuâ：餒 nuâi，恥 thï：耳 ńźï 等。這類透母徹母字都是清鼻音聲母 *hn-，*hnr-來的。

有少數審母三等字也跟鼻音聲母諧聲，例如恕 śjwo：如 ńźjwo：女 njwo，攝 sjäp：聶 njäp，饟 śjang：讓 ńźjang：曩 nâng，燃 śjän：然 ńźjän，𤺺 śjě：爾 ńźjě 等。這類字是清鼻音在三等介音 j 前演變而來，其演變的程序跟日母的情形很相似，只是這類審母字因爲是從清鼻音來的原故，鼻音失去的較早。

上古 *nj- > 中古日母 ńźj- > źj-（如唐代以熱 ńźjät 譚藏文的bźer）。

上古 *hnj- > hńśj- > 中古審三等 śj-。

上古清的舌根鼻音 *ng-，*ngw-等也可以從曉母字跟疑母互諧得其線索，如許 xjwo：午 nguo，化 xwa：貨 xuâ：吪 nguâ，犧 xjě：義 ngjě，餃 xâi：艾 ngâi，獻 xjɐn：虞 ngjɐn：謔 xjak：虐 ngjak，鬩 xiek：聣 ngiei，傂 xâi 又讀 ngâi 等。這類的曉母字不大跟別的舌根塞音互諧，我們可以比較的肯定説它們是從上古 *hng-，*hngw-來的，可是有些曉母字不但跟疑母字諧聲也跟別的舌根塞音諧聲，這類的字就不能十分確定是從清鼻音來的了，如罕 xân：岸 ngân，也有于 kân 等字，撝 xjwě：僞 ngjwě，也有嬀 kjwě 等字混入其中。

上古時代來母也應當有個清音來配，這可以從來母字跟透母徹母互諧的例子看出線索，如獺 thât：賴 lâi，體 thiei：禮 liei，薑 thai：

厲 ljäi, 离 ṭhjě : 離 ljě, 竉 ṭhjwong : 龍 ljwong, 薰 thjək : 里 lǐ, 綝 thjəm : 林 ljəm, 搊（同抽）ṭhjə̌u : 留 ljəu, 瘳 ṭhjə̌u : 醪 lâu 等。這裏也是吐氣的透徹與來母相諧的多，很少是不吐氣的端知。清的邊音 hl-與吐氣的 th-在語音上也很近。藏語的清邊音，普通寫作 lh-的，唐代譯音多用透母來譯，如 lhamthong 譯作貪通 thậm-thung, lha-[bo]-brtsan 譯作他 [譜] 贊 thâ-puo-tsân, lho-gong 譯作土公 thuo-kung 等（以上皆人名見《唐蕃會盟碑》），因此我們也可以擬出下列兩條演變律：

上古 *hl-（一、二、四等字）> 中古透母 th-。

上古 *hlj-（三等字）> 中古徹母 ṭh-。

現在我們可以把上古的聲母系統列表如下：

	塞音			鼻音		通音	
	清	次清	濁	清	濁	清	濁
唇音	p	ph	b	hm	m		
舌尖音	t	th	d	hn	n	hl	l, r
舌尖塞擦音	ts	tsh	dz			s	
舌根音及	k	kh	g	hng	ng		
喉音	ˑ					h	
圓唇舌根音	kw	khw	gw	hngw	ngw		
及喉音	ˑw					hw	

上古的介音

從前的韻書裏只有開合與四等的分別，並不談到介音 medials。不過《切韻》系統裏依高本漢的擬測，有一套音在聲母與韻母的主要元音之間出現，這類的音就叫做介音。比方說《切韻》的開合之分，就大體可以用介音 w 或 u 的有無去定，《切韻》時代的 u 跟 w 並沒有音位上的區別,只是用來區分韻書裏,尤其是《廣韻》裏的獨立的合口韻。一韻含有開合兩類的字的用 w,獨立的合口韻用 u。唐代韻書裏在這方面並不一致,因此我們只認爲有一種合口介音,但是可寫作 w 或 u,以跟《廣韻》的韻目相對照。

　　這個合口介音我們認爲大部分是從圓唇舌根音來的,一部分是後起的,前面已經提到。其中當然有些複雜的問題,留到後面講上古各別韻部的時候再討論,現在暫時假定上古時代沒有合口介音。

　　《切韻》裏有一套很重要的,只在三等韻母裏出現的介音 j。這個介音大部分還保存在現代方言裏——所謂齊齒及撮口字。中古的三等韻裏可以有的聲母也遠比一等四等韻裏的複雜,也比二等韻裏的複雜一點兒。只能在三等韻前出現的聲母如照₃、穿₃、狀₃、審₃、襌、羣、邪、喻,以及後起輕唇音,非敷奉微等母。顯然這都跟這個三等介音 j 有關,所以在上古音字裏也得保留這個介音,否則不但上古的聲母系統要複雜,我們也無法去解釋許多諧聲的現象。有些聲母受介音 j 的影響所發生的演變,在上面討論上古聲母的時候已經說過了,如 *tj-, *thj-, *dj-, *nj-, *rj-, *gwj-分別變爲 tśj-, tśhj-, dźj-或 źj-, ńźj-, zj-, jw-等,現在不再細說了,大體上說來這個介音對上古聲母的影響是顎化作用(palatalization)。

　　現在我們可以再討論一下輕唇音的來源。輕唇音只發生在三等韻裏,但是三等韻的唇音不完全變爲輕唇,這裏頭的條件不十分清楚。我以爲重唇+j-變輕唇,重唇+j+i-仍爲重唇。其中也稍有稍別要解釋的,如韻尾有一 u 的寬韻字不輕唇化,明母字也有特別不輕唇化的地方,詳見各韻部的討論。

　　中古二等韻也有些特殊的聲母如照₂、知等,一般也都承認是後起的,是受二等韻的影響而來的。高本漢等人認爲二等韻的元音與一等韻不同而發生特殊的影響。如果二等韻的元音與一等韻不同,我們很難解釋上古押韻的現象。所謂鬆、緊、長、短等的區別若是真是音位上重要的分別,我們不應該有它們常常押韻的現象。因此我在前面討論聲母的時候已經提起二等韻裏在上古時代應當有一個使舌尖音捲舌化的介音 r,而不認爲二等韻的元音與一等韻有任何不同。這個介音不但可以在舌尖音聲母後出現,也可以在脣音、舌根音聲母後出現,並且也可以在三等介音 j 的前面出現。

依我們的看法,上古音系統裏只需要這兩個介音。四等字的聲母完全跟一等字一樣,顯然高本漢所擬的四等的 i 介音是個元音,它對於聲母不發生任何影響。因此我們不把它當作介音而歸入元音裏去討論。近來研究《切韻》音系的人也有採取四等韻裏根本沒有介音 i 的説法。這也許在《切韻》音系不發生太大的困難,但是從上古音的眼光看來至少上古音裏應當有個 i 元音在四等韻裏,可以免去許多元音的複雜問題。

這兩個介音的重要,可以分兩方面看。一方面它們對聲母有影響,因此可以使上古的簡單聲母系統演變成《切韻》的較複雜的系統。一方面它們對於元音有影響,可以使上古的簡單元音系統演變成複雜的《切韻》元音系統。前面我已經討論過這兩個介音對聲母的影響:腭化與捲舌化,現在再説它們對於元音的影響。在這裏我們只能大致説一個傾向,詳細的演變要到上古元音系統及韻部的個別討論裏去講。

介音 j 使後面的較低的元音向上及向前移動,如 a > ä 等,這也可以算是腭化或同化作用之一,一般人也都承認的。介音 r 使後面的較高元音下降,如 ˚i > ɛ 或 a,˚ə > ɛ 或 ă,˚u > ă 等,也可以使後面的低元音上升一點,如 ɑ(後低元音) > a(前較高)或 ɐ(央較高)等。因此我們可以説介音 r 有一種中央化的作用 centralization。這些變化不但與介音有關,也與韻尾輔音有關。在沒有討論各別的韻部以前不能詳細指出它的演變規律。不但如此,這也與中古元音系統的擬測有關。中古的元音系統我們雖然只採取了高本漢的説法,其中仍有許多糾紛的地方,這裏不是討論中古音韻系統的地方,所以只好暫時從略。

現在可以討論一下複輔音聲母或複聲母的問題了。其實上面所説的介音跟前面的聲母連起來也可以算是複輔音聲母,如 *kj-,*tr-等,前面已經認爲他是有介音的,所以暫把這類字除外,另外討論些別種的複輔音。

最爲一般人所注意的就是來母字常跟舌根音及唇音互相諧聲的例子。大體上我們仍然採用高本漢的説法,不過稍有更訂的地方。比方説二等字裏高寫作 *kl-,*khl-等的,一律改爲 *kr-,*khr-等,如各 *klak > kâk,洛 *glak > lâk,略 *gljak > ljak,格 *krak > kɐk,客 *khrak > khɐk 等。極少數的例外,如貉 *glak > ɣâk 原因不詳。高對於來母字跟唇音諧聲的,他的辦法就不同了,大多仍擬作 l-,如里、柳等,少數擬作 bl-,如戀、律等。如果照他擬定 gl- 的辦法,那就有許他擬作 l-的字應當有不少是可擬作 bl-的。我們也暫時照他的辦法存疑,只有二等字改用 r,如埋寫作 *mrəg,蠻寫作 *mran,麥寫作 *mrək(與來諧聲),剝寫作 *pruk 等。

上古時期的複聲母問題十分的複雜,其中有許多現象一直到現在我們仍沒有滿意的解決方法。這裏我們亦不多去討論。不過其中有一個現象似乎相當重要,雖然我們沒有肯定的解決辦法,但是應當有個嘗試。這就是中古的心母 s- 及審母二等 ʂ-(從上古 *s-

來的),常有跟別的聲母諧聲的例子,跟來母諧聲的有史 ṣï(吏 lï),數 ṣju(婁 lju,lə̑u,),灑 ṣjě,ṣaï(麗 liei,ljě)等。跟鼻音聲母諧聲的有絮 sjwo(女 njwo,如 nzjwo),需 sju(儒 nzju),襄 sjang(讓 nzjang,曩 nâng),喪 sâng(亡 mjwang),孌 ṣwan(蠻 mwan,戀 luân),娀 sjung(戎 nzjung),璽 sjě(爾 nzjě)等。跟舌尖塞音諧聲的有賜 sjě(剔 thiek),屣 sjě(褫 ṭjě,㸙 diei),修 sjə̑u(條 dieu),偷 sju(偷 thə̑u),隋 sjwě(墮 duâ),邃 swi(隊 duậi),屖,犀 siei(遲遲 ḍi,稺 ḍi),泄 sjät,屧 siep(堞 diep),雖 swi(推 thuậi)等。跟舌根音諧聲的有楔 siet(契 khiei),歲 sjwäi(劌 kjwäi),繐 sjwäi(惠 ɣiwei),損 suə̑u(隕 jwěn,塤 xjwɐn),宣 sjwän(桓 ɣuân),所 ṣjwo(戶 ɣuo),憸 sjäm(檢 kjäm,斂 ljäm),恤 sjwět(血 xiwet),荀 sjuěn(絢 xiwen)等。

　　心母字普通跟精系或照系二等的字諧聲(上古都是舌尖塞擦音或擦音),從這些例子看起來它差不多可以跟各種的聲母的字諧聲,這是不合乎一般的諧聲條例的。這些字顯然是從複聲母來的。高本漢等已經擬有 *sl-, *sn-等複聲母,我覺得也該有 st-, sk-等複聲母,這個 s 可以算是一個詞頭 prefix,也因此在上古漢語的構詞學裏將要佔很重要的位置,與漢語有關係的藏語就很明顯的有個 s-詞頭(參看 Conrady,1896)。有些字似乎看得出有同一的語源,如襄,除也,攘,除殃祭也;喪,亡也,就以亡注喪;修(脩),長也而條亦有長義,其他如隋有 sjwě 與 thuâ 兩讀同義;損與隕,契與楔等在意義上也有關連。但是擬測這類複聲母,如 *sm->s-, *smr->ṣ-, *sn->s-, *sl->ṣ-等還不太困難,可是與舌尖塞音及舌根塞音諧聲的字,就不易決定是 *st-還是 sth-,是 sk-還是 skh-了。

　　在還沒決定如何處理之前我們先再看看中古的審母三等 ś-。

除去有些審母三等是從上古 *hnj- 來的，前面已經說過，其餘大部分是跟舌尖塞音諧聲的。在近代方言中往往有吐氣塞擦音的又讀，這類字似乎可以認爲是從上古 *sth + j- 來的，那麼跟舌尖塞音諧聲的心母 s-字似乎可以認爲是從上古的 *st-或 *st + j- 來的。越南漢字讀音把心母字讀成 t-，把審母字多數讀成 th-，這雖是越南後來的演變，與漢語無甚關連，但是成了一個恰合的現象。上古也許還有 *sd-變成後來的 dz-, z-，不過很難分辨出來。

可是審母三等 ś-也有跟舌根音諧聲的。不但審母三等就是照穿牀三等也有跟舌根音諧聲的，董同龢特別爲這類字擬了一套舌根前塞音 *k̂-, *k̂h-, *ĝ-, *x̂-, *ĵ-等去解釋，前面我們已經說到這種擬測的不相宜。中古時期仍保存兩讀的有車 kjwo, tśhja，矼 kång, tśjwong, 毳 kuok, tśjak 等。因此仍以這類字都是從舌根塞音來的比較合適，暫時認爲它們也都有個 *s-詞頭，它們演變律大約如下：

上古 *sk-, *skw- > s-, sw-如楔、損等。

上古 *sk + j- > tś 如鍼、旨、莝、支等。

*skw + j- > sw-如歲、總、宣、荀、恤、檧等。

上古 *skh- > tsh-(？)如造。

*skh + j- > tśh-如樞、杵、車、赤、出等，或者 ś-如欶、翅、收、燒等，原因不詳。

上古 *sg- > dz-(？)如造。

*sg + j- > dź-如示，或 ź-如賢、豉、氏、視等。原因不詳，方音不同的成分較多。

上古 *sgw + j- > zw-如松、訟、彗、旬等。

上古 *sng + j- > ńź-如荍、饒、兒等。

以上的上古複聲母的擬測,是假定上古時期有一個詞頭 *s-。這個詞頭有時候可以從台語(Tai)的借字看出來,如午字台語有讀作 saŋa 的,也有讀作 sa 的,戌字台語有讀作 set 的,也有讀作 mit 的。雖然根據這假定,我們大致得到上列的演變痕跡,但是仍有許多詳細情況,我們不能了解。此外還有許多例外諧聲的字,我們也還沒有解釋的辦法。上古複聲母的擬測是個複雜問題,將來在漢語語源以及藏漢語比較的研究有了基礎之後,也許有更好的解釋。

上古的元音系統

要想知道上古的元音系統,只有兩個途徑:(一)是上古的韻部,這是拿古詩押韻及諧聲系統來擬定的;(二)是中古的韻母系統,這是拿《切韻》的反切,等韻的等呼,以及近代方言的實際讀法來擬定的。爲了方便起見,我們只採用高本漢擬定的中古系統,稍有更改,前面已經説過了。

研究上古的元音系統的時候我們也有一個嚴格的假設,就是上古同一韻部的字一定只有一種主要元音。凡是在同一韻部的字擬有不同的元音,都跟這個假定不合,必要從新斟酌一番。有些人假定上古元音有長短、鬆緊之別,但是可以互相押韻。這辦法的困難是我們不知道上古元音是否實有長短、鬆緊之別,就是有的話,也不敢説他應該互相押韻。我們必須先看是否有一個簡單的元音系統可以解釋押韻現象,是否可以用些簡單的演變的條例把中古的韻母系統解釋出來。如果有的話,我們就不必再假設什麽長短、鬆緊的區別了。

現在先看看高本漢的元音系統，董同龢的系統就更複雜了，高的上古元音是：

i		u	ǔ	
e	ě	ə	ô	ộ
	ɛ	o	ǒ	
a	ă	â	å	

其中 i 不獨立成韻，只能跟別的元音配合。其他如 e 跟 ɛ 可以押韻，â, a, ă 可以押韻，ə, ɛ, ǔ 可以押韻等。如果《詩經》的韻是天籟，絕不會有這樣不自然的韻。偶爾合韻倒是不可避免的，但是韻部的區分相當嚴格，不應當有這麼不同的元音在相同的韻部裏頭。

如果我們把上古的韻部裏各種韻母用中古音代表出來，可以看出上古的韻部可分四大類，先看第一類。有開合的韻，現在只列開口，以求簡單。

I.		一等	二等	三等	四等
歌部		-â	-a, -aï	-ja, -jě	-iei
元部		-ân	-an, -ăn	-jɐn, -jän, jiän	-ien
祭部	{	-ât	-at, -ăt	-jɐt, -jät, -jiät	-iet
		-âi	-ai, -ăi	jɐi, -jäi, -jiäi	-iet
談部		-âm	-am, -ăm	-jɐm, -jäm, -jiäm	-iem
葉部		-âp	-ap, -ăp	-jɐp, -jäp, -jiäp	-iep
陽部		-âng	-ɐng	-jang, -jɐng	
魚部	{	-âk	-ɐk	-jak, -jɐk, -jäk, -jiäk	-iek
		-uo	-a	-jwo, -ja, -ju	
宵部	{	-âk, -uok	-åk	-jak	-iek
		-âu	-au	-jäu, -jiäu	-ieu

以上八部裏一等韻幾乎全是 â 元音，其他二、三等韻裏的元音顯然受介音影響向前向上移動，尤其是四等韻裏受元音 i 的影響只有 e 元音了。元音的演變不但受介音的影響，而且受聲母及韻尾輔音的影響而有不同的演變。比方説上面二等韻–ɐng,-ɐk 的 ɐ 元音只見於舌根韻尾前，其它的二等韻裏只有 a, ǎ，顯然舌根韻尾對於元音的演變有關。又如三等韻裏的-jɐn,-jɐt,-jɐi 等只見於脣音聲母及舌根音聲母後，因此我們也可想到這些韻母不但受三等介音也受聲母的影響。

宵部的-âu,-au 等的韻尾-u 我們可以認爲是圓脣的舌根輔音-gw 變來的，他的入聲-uok,-ɐk 等的圓脣元音也是受圓脣的舌根輔音 *-kw 的影響而圓脣化了。不過 *-kw 後來變成-k 了。韻尾輔音我們以後還要討論，這裏暫時從略。其他如魚部的-uo,-jwo,-ju 也是受韻尾輔音 *-g 的影響。總而言之，聲母、介音及韻尾輔音對元音都有關係，因此詳細演變條例要到將來分部討論的時候再細説，現在我們可以大致承認這八部的主要元音是 *-a。

II.　　　　　　一等　　　　二等　　　　三等　　　　　　　四等

文部　-ən　　　　-ǎn　　　　-jən,-jěn,-jɛn　　　-ien

微部 ⎰ -ət　　　　-ǎt　　　　-jət,-jět　　　　　-iet
　　　⎱ -âi　　　　-ǎi　　　　-jěi,-i　　　　　　-iei

蒸部　-əng　　　-ɛng　　　-jəng,-jung

之部 ⎰ -ək　　　　-ɛk　　　　-jək,-juk
　　　⎱ -âi,-ə̆u　　-ǎi　　　　-ï,-jə̆u

幽部 ⎰ -uok　　　-ɐk　　　　-juk　　　　　　　-iek
　　　⎱ -âu　　　-au　　　　-jə̆u,-jiə̆u　　　　-ieu

中部　-uong　　-ǎng　　　-jung

侵部	-ậm, -ung	-ăm	-jəm, -jung	-iem
緝部	-ập	-ăp	-jəp	-iep

第二類八個韻部裏一等韻主要的有 ə 及 ậ 兩個元音,有少數的-â,-uo,-u 等暫時放在一邊。這裏的 ậ 顯然不跟第一類八個韻部的 â 同類,因爲這裏的 ậ 不跟第一類的 â 押韻、諧聲等,而這類的 ậ 跟 ə 在韻尾的分配上有互相補充的現象,韻尾-n,-t,-ng,-k 前面有 ə,韻尾-m,-p,-i,(-u)前面有 ậ(â)。所以這個 ậ(â)很可能是從上古的 *ə 元音變來的,幽部-âu,-au,-jəu 等的韻尾-u 也可以認爲是從上古 *-gw 來的,而它的入聲-uok,-åk,-juk 等的元音也是受韻尾 *-kw 的影響而圓唇化了,關於韻尾輔音方面詳見下文,其他二等三等四等的各種元音也是因爲介音、韻尾輔音及聲母的影響而發生的,因此這八個韻部的主要元音可以認爲是上古的 *ə。

III.

	一等	二等	三等	四等
真部	——	-ăn	-jěn, -jɛn	-ien
脂部	——	⎰ -ăt ⎱ -ăi	-jět, -jɛt -i, -jě	-iet -iei
耕部	——	-ɛng	-jäng, -jɐng	-ieng
佳部	——	⎰ -ɛk ⎱ -aï	-jäk -jě, -jiě	-iek -iei

以上四部最需要解釋的是沒有一等韻,二等韻裏的 ă、ɛ 等似乎是受二等介音 *-r 拉下來的。從三四等的韻母看來,顯然這四部都有一個高的前元音。如果把這個高元音擬爲 *i,那麼這四個韻部爲什麼沒有一等韻是很自然的,因爲中古一等韻是沒有 i 元音的。只要假定上古的 *i 分裂爲一個複合元音 ie(vowel breaking),就可以解釋四等的韻母,而三等韻裏各種元音也是受介音、聲母及韻尾的

影響而分化出來的。

IV.   一等 二等 三等

 東部 -ung -ång -jwong

 侯部 $\begin{cases} \text{-uk} \\ \text{-əu} \end{cases}$ -åk -jwok

             -ju

這類裏只有兩部，顯然它們元音都是圓唇的較高的後元音，所以在上古時期擬一個 *u 是沒有什麼問題的。這個元音只在舌根音韻尾前面出現，這是很特殊的。因此也可以把這兩部的舌根音韻尾都認爲是圓唇的 *-ngw, *-kw 等而把元音認爲是上古的高元音 *i，受了韻尾的影響而圓唇化爲後來的 u。這也是未嘗不可的辦法。不過我以爲上古的 *u 出現的範圍也許並不如此的有限制，至少在 *-n, *-t 前也可以出現，到了《詩經》時代已經分裂爲複合元音 *ua（參看 *i 的分裂，*i 的分裂過程也許是 *i > *ia > ie 漢代常有歌支合韻的現象），換言之 u 的分裂爲 ua 是受了韻尾的限制的。

  東部字在古韻裏也有跟有 a 元音的陽部字合韻的（如《老子》）。到了漢代合韻的例子更多，這也是 *u > *ua 的現象，不過這也許是方言及後起的現象。換言之，在方言中 *u 在 -ng 前也有分裂的傾向，只是時間稍後。漢代更不能分辨侯部與有 a 元音的魚部。這也是 *-u > ua 的方言及後起的現象。

  上面我們在上古時代擬了四個元音，這四個元音雖然可以解釋中古韻母的一大部分的來源，但是仍有四等韻以及其他少數韻的來源得擬兩個複合元音 (vowel clusters) *iə 及 *ia。這兩個複合元音前面仍可以有上面說過的介音 *r 及 *j。

  此外爲了歌部、元部跟祭部的一部分的字也得擬一個複合元音 *ua，這些複合元音都到討論各韻部的時候再細說明，現在我們可以把上古的元音系統列表如下：

單元音： i　　　u　　　複合元音：iə, ia, ua
　　　　　　ə
　　　　　　a

上古的韻尾輔音及四聲

　　把上古的韻尾輔音跟四聲合併討論的緣故，是因爲韻尾與四聲的關係相當密切。清代的古韻學者有四聲一貫的主張，也有主張古無四聲的。自從段玉裁以爲古無去聲，就引起去聲是否由於韻尾輔音的失落而發生的問題，更引申到四聲是否都由於不同的韻尾輔音的失落或保存而成了後來的平上去入的問題。

　　江有誥起先以爲古無四聲，可是後來給王念孫的信（見《音學十書·唐韻四聲正》）就決定古有四聲。不過上古的四聲，不一定跟《切韻》時代的四聲一樣，如慶、享、饗、信、爽、頌等上古時代都是平聲，其去聲或上聲的讀法都是後起的；顧字原來應當是上聲等。他還對許多別的字也有更訂，但是我們覺得其中有可疑的地方。如果一個上聲或去聲字在《詩經》或者別的古代文獻裏總跟平聲押韻而不跟上聲或去聲押韻，這裏我們似乎可以採納他的意見，把他認爲是上古的平聲字，但是有些字不像這樣一致的時候，他也往往說上古有兩讀或三讀，這類的字我們就不敢十分肯定了。這是因爲《詩經》押韻有些不易解決的問題，我們不敢說《詩經》一定得拿同一聲調的字來押韻。

　　如果我們拿中古的調類去看《詩經》的押韻，大體是平上去入同調類的字相押。這類的韻至少要佔半數以上。其他混押的不及半數。這很可看出來《詩經》的用韻大體是分調類的。後來的文學裏同調相押的傾向愈來愈嚴，到了《切韻》的時代就根本拿四聲來分韻了。不過《詩經》的用韻究竟反映上古有聲調，還是上古有不同的韻尾，這個問題不容易決定。如果《詩經》用韻嚴格到只有同調類的字相押，我們也許要疑心所謂同調的字是有同樣的韻尾輔音，不同調的字有不同的韻尾輔音，但是《詩經》用韻並不如此嚴格，不同調類的字相押的例子，也有相當的數目，如果不同調的字是有不同的韻尾輔音，這類的韻似乎不易解釋，不如把不同調類的字仍認爲聲調不同。

如果我們認爲上古漢語是有聲調的，而且大體調類與中古四聲相合的，那麼我們只要承認一套鼻音韻尾跟一套塞音韻尾就够了，不必在塞音韻尾中再分清濁，塞擦等如 *-t, *-d, *-ð, *-k, *-g, *-ɣ 等，所以我們只擬了下列的韻尾輔音：

鼻音：*-m, *-n, *-ng, *-ngw

塞音：*-p, *-t, *-k, *-kw

大體上是把中古韻尾收-u 的擬爲 *-kw，如宵部幽部的字。跟幽部相配的陽聲韻中部就擬爲 *-ngw。上古韻部裏沒有跟宵部相配的陽聲韻。

古韻學家往往把古韻分爲三類：陰陽入三類，其實陰聲韻就是跟入聲相配爲一個韻部的平上去聲的字。這類的字大多數我們也都認爲有韻尾輔音的，這類的韻尾輔音我們可以寫作 *-b, *-d, *-g 等。但是這種輔音是否是真的濁音，我們實在沒有什麼很好的證據去解決它。現在我們既然承認上古有聲調，那我們只需要標調類而不必分辨這種輔音是清是濁了。不過我想倒是可以用 *-b,

-d，-g 等再加幾個符號來代表調類，現在暫採取下列的辦法：

平聲	-m	-n	-ng	-ngw	(-b)	-d	-g	-gw
上聲	-mx	-nx	-ngx	-ngwx	(-bx)	-dx	-gx	-gwx
去聲	-mh	-nh	-ngh	-ngwh	-bh	-dh	-gh	-gwh
入聲	——	——	——	——	-p	-t	-k	-kw

凡不需要標聲調的時候仍可以用 *-m，*-n，*-ng，*-ngw 來代表陽聲韻的韻尾，用 *-b，*-d，*-g，*-gw 來代表陰聲韻的韻尾，用 *-p，*-t，*-k，*-kw 來代表入聲韻的韻尾。在語音上，*-p 跟 *-b，*-d 跟 *-t，*-g 跟 *-k 等並不一定含有清濁等的區別，但也不敢說一定沒有區別。我們既然承認上古有四聲，那麼別的區別似乎是不重要的。

因爲《詩經》的押韻的關係我們不承認我們寫成 *-m 跟 *-mx 或 *-mh，*-g 跟 *-gx，*-gh 或 *-k 有什麼音位的區別，只認爲這是標聲調的方法。但是我們也不反對在《詩經》以前四聲的分別可能仍是由於韻尾輔音的不同而發生的，尤其是韻尾有複輔音的可能，如 *-ms，*-gs，*-ks 等。但是就漢語本身來看我們已無法推測出來了。藏漢系的比較研究將對此有重要的貢獻。

現在我們再討論歌部的字，這部字多數認爲是沒有韻尾輔音的。董同龢就只有這一部沒有韻尾輔音，其他各部都有韻尾輔音。高本漢除歌部以外，還把魚部及侯部的一部分認爲沒有韻尾輔音。他把侯部魚部的字分爲兩類，一類有舌根韻尾輔音，一類沒有，其中困難董同龢已經叙述的很詳細(《上古音韻表稿》35－40，50－52)。誠然有些陰聲字不跟有-k 韻尾的字諧聲，但是從押韻的情形看起來很難劃出一條清楚的界線來，勉強分起來必然有 *-uk 跟 *-u 押韻的現象出來，如《小雅・角弓》六章木 *muk：附 *bju：屬 *d̂juk，

《大雅・桑柔》十二章谷＊kuk：穀＊kuk：垢＊ku 等的不合理的押韻，或者硬把諧聲字拆散如構＊ku：講＊kǔng，數＊sǔk：數＊slju，傅＊pjwo：縛＊bʼjwak 等（以上各字暫照高本漢的擬音）。因此我們仍照一般中國古韻學者的辦法，不分爲兩類，認爲這些字都有個舌根韻尾＊-g 等。

至於歌部字，高本漢也分爲兩類，一類没有韻尾輔音，一類有＊-r 韻尾。其中界限也很難劃分清楚。若是依諧聲分的話，就發生些不易解釋的韻，如《小雅・桑扈》三章以翰＊gʼân：憲＊xjǎn：難＊nˌjan 與那＊nâr 押韻；《大雅・崧高》以番＊pwar 與嘽＊thân：翰＊gʼân：憲＊xjǎn 押韻，同時又有《小雅・隰桑》一章以阿＊˙â：何＊gʼâ 與難＊nâr，《衛風・竹竿》三章以左＊tsâ 與儺＊nâr 押韻的例子（以上仍照高本漢的擬音）。如果因爲＊-r 是舌尖音，可以跟＊-n 勉强押韻，那麼爲什麼＊-â 也要跟有舌尖音韻尾＊-r 的字押韻？爲什麼不跟有舌根音韻尾或唇音韻尾的字如＊-ak，＊-ag，＊-ap 等押韻？顯然歌部字跟有舌尖韻尾的字關係很深。歌寒對轉也是古韻學者承認的。因此我想歌部字似乎有個舌尖音韻尾，把他擬作＊-r 倒是可採取的辦法。想分歌部爲兩類，不太容易。再者歌部跟有＊-dh，＊-t 的祭部字差不多可以依聲調的分配而分的，平上爲歌部字，去入爲祭部字（少數歌部去聲字是例外）。暫時我們認爲歌部的韻尾＊-r 到了後來，也許很早就失去了，而祭部的舌尖韻尾＊-dh 都變成-i 了，事實上歌部字裏也有收-i(-ï)的，如差 tṣha, tṣhǎi, tṣhaï, 咼、媧 khwa, kwaï, 羆 bjě, baï, 叉 tṣha, tṣhaï 等。這類的韻尾-i(-ï)，也都有從輔音變來的可能。這類的字可能有＊-d ~ ＊-r 的兩讀，前面談聲母的時候已經説過了＊r 與＊d 等音很相近可以互相諧聲，韻尾也是一樣，這類字以後還要討論到。

依以上的結論上古時代似乎沒有以元音收尾的字。董同龢也只有歌部一部而已。高本漢就勉強分出歌部魚部侯部的一部分算作元音收尾的。也許我們的材料使我們很難分出有元音韻尾的字，也許上古的音節的結構根本就是 CVC（輔音＋元音＋輔音），正如陸志韋的説法（1947）。

現在我再簡單的談談唇音韻尾*-b 等。從《詩經》的用韻看起來葉部緝部等收*-p 的字已沒有與收*-b 字的字押韻的現象，所以收*-b 的字都是從諧聲偏旁擬定的。其中確有不可置疑的字，如入 ńźjəp：納 nập：內 nuậi 等。這不僅是諧聲字而且是語源上有關的字。但是在《詩經》的用韻上內字已跟舌尖韻尾的字押韻了，如《大雅·抑》四章寐 mi：內 nuậi，因此我們可以説諧聲字代表較古的現象，到了《詩經》時期*-b 已經都變成*-d 了（也許有少數變*-g 的例子存疑）。現在我們總述一下上古韻尾輔音大致的變化：

上古*-m，*-n，*-ng 仍保留在中古音系裏
上古*-ngw > -ng
上古*-r > -Ø
上古*-p，*-t，*-k 仍保留在中古音系裏
上古*-kw > -k
上古*-b > *-d > -i
上古*-d > -i
上古*-g > -i, -u, -Ø
上古*-gw > -u, -i

上古韻部的各別討論

以上我們把上古的聲母、介音、元音、韻尾等問題分別討論，現

在我們把這些系統綜合起來按照中國古韻學家所分的韻部,一部一部的討論,先討論有 *ə 元音的韻部。

（一）之部,這一部有陰聲韻與入聲韻兩類,元音 *ə 仍保存在《切韻》的入聲韻裏,如德-ək,職-jək 等,中古時代陰聲韻裏的韻尾已失去,也影響到元音的變化,一等韻的 *-əg 變-ậi,二等韻的 *-rəg 變-ăi,三等韻的 *-jəg 變-ï 等,至於這一部的合口字只有舌根音聲母分開合,其他不分開合,所以合口字都是受唇音或圓唇舌根音的影響來的,現在按着中古的等呼每類舉幾個例子。

入聲一等開口：克 *khək > khək, 德 *tək > tək,
墨 *mək > mək, 黑 *hmək > xək。

一等合口：國 *kwək > kwək, 或 *gwək > ɣwək。

二等開口：革 *krək > kɛk, 麥 *mrək > mɛk。

二等合口：馘 *kwrək > kwɛk。

三等開口：極 *gjək > gjək, 直 *drjək > ḍjək, 弋 *rək > jiək,
織 *tjək > tśjək, 識 *sthjək > śjək, 色 *srjək > ṣjək, 福 *pjiək > pjək。

三等合口：福 *pjək > pjuk, 服 *bjək > bjuk,
淢 *hwjiək > xjwək, 圃 *gwjək > juk。

以上需要指明的是 *ə 受介音 *r 的影響降低為 ɛ,在三等字裏 *r 後有 *j-所以不再使 *ə 變 ɛ。又三等字受唇音及圓唇舌根音聲母的影響使 *ə 變成 u,但是 *iə 不變 u。

唇音聲母受 *j 的影響後來變輕唇。可能在《切韻》時代已然是圓唇的唇音或唇齒塞音,不過是語音上的分別,系統上大體不另成音位,但是如果韻母中有 i（如 *iək）則不變輕唇,元音仍保存 ə,而不變 u。

陰聲一等開口:來 *ləg(mləg?) > lâi,載 *tsəgx,-h > tsâi,
海 *hməgx > xâi,態 *hnəgh > thâi。
又有母 *məgx > mə̆u,剖 *phəgx > phə̆u。
合口:背 *pəgh > puâi,悔 *hməgx > xuâi,
倍 *bəgx > buâi(bâi),賄 *hwəgx > xuâi。
二等開合:戒 *krəgh > kǎi,埋 *mrəg > mǎi。
合口:怪 *kwrəgh > kwǎi,憊 *brəgh > bwǎi(脣音實不分開合)。
三等開口:期 *gjəg > gjï,之 *tjəg > tśí,
恥 *hnrjəgx > ṭhï,以 *rəgx > jiï,
似 *rjəgx > zï,耳 *njəgx > ńźï,
巿 *djəgx > źï,士 *dzrjəgx > ḍẓï,
治 *drjəgh > ḍï。
又有否 *pjəgx > piə̆u,富 *pjəgh > pjə̆u,
謀 *mjəg > mjə̆u,又 *gwjəgh > jə̆u,
有 *gwjəgx > jə̆u,舊 *gwjəgh > gjə̆u,
矣 *gwjəg > *jwjəg > *jəg(例外失去圓脣,因爲是語助詞輕聲的原故) > jï。
又有丕 phjiəg > phji,備 bjiəgh > bji。
合口:龜 *kwjiəg > kjwi,*kwjəg > kjə̆u,
洧 *gwjiəgx > *gwji > jwi(?)。

以上一等開口合口在脣音聲母後實不能分,一律都認爲是從 *-əg 來的,但是脣音聲母後又有-ə̆u 韻字,這顯然是受脣音聲母的影響來的。高本漢擬母爲 *məg,梅爲 *mwəg,董同龢擬母爲 mwə̂g,都在

37

唇音後另立合口呼。我們只存疑不能定唇聲母後的 *-əg 爲什麼有-(u)âi 跟-ə̂u兩讀。

二等開合口在唇音聲母後也不能分,寫 wǎi 的字也只反映《切韻》反切下字的開合。其實唇音字的反切下字的開合往往混用,不足爲據。二等韻的元音受介音 *r 的影響下降成《切韻》時代的 ă。ă 與 ɛ 也許只是符號的不同,《切韻》裏也可以認爲是一個音位。

三等開合 *-jəg 一律變-ï(之韻),只有唇音及圓唇舌根音聲母後變-jə̂u。這裏的 pj-後來也都變輕唇,mj-不變。脂韻字都是從 *-jiəg在唇音及圓唇舌根音後變出來的。還有有 *gwjəgx 變成 jə̂u,可是舊 *gwjəgh 變成 gjə̂u。這種不同的演變似乎要看聲母的圓唇成分受異化作用(dissimilation of labials)而失去的遲早,如果早,*gwj-就變成 *gj- > gj-(羣母),遲的話 *gwj > jw-(喻三),不過爲什麼有遲早之分,我們還不十分清楚,不過異化作用往往有不規則的現象。

(二)蒸部,這部是跟之部相配的陽聲韻,元音跟之部完全一樣,只是韻尾收鼻音。

一等開口:登 *təng > təng,崩 *pəng > pəng,
　　　　　恆 *gəng > ɣəng,朋 *bəng > bəng。

一等合口:肱 *kwəng > kwəng,弘 *gwəng > ɣwəng,
　　　　　薨 *hməng > xwəng,又有夢 *məng > mung。

二等開口:橙 *drəng > ḍɛng,繃 *prəng > pɛng。

二等合口:宏 *gwrəng > ɣwɛng,薨 *hmrəng > xwɛng。

三等開口:兢 *kjəng > kjəng,繩 *djəng > dźjəng,
　　　　　蠅 *rəng > jəng,凝 *ngjəng > ngjəng,
　　　　　澄 *drjəng > ḍjəng,勝 *sthjəngh > śjəng,

仍 *njəng > nʑjəng, 冰 *pjiəng > pjəng,

馮 *bjəng, *bjiəng > bjung(合口), bjəng(開口)。

三等合口：弓 *kwjəng > kjung, 雄 *gwjəng > jung,

夢 *mjəng > mjung。

從以上的例字看起來元音 ə 的演變完全與之部的入聲字的演變相同，如 ə 在介音 r 後變 ɐ，可是在 rj- 後就不變，又 ə 在三等字裏受唇音聲母及圓唇舌根音聲母的影響變 u，可是 iə 不變；後來 pj- 變輕唇音可是 pj + iə 不變。這都可以參看之部字的例子。

（三）幽部，這部跟之部的距離最近，古韻中跟之部字往往有協韻的例子。諧聲字中也偶有之幽兩部相混的地方，如求在幽部，裘在之部，臼在幽部，舊在之部等。因此我們認為這部的元音是 ə, iə 與之部相同，只有韻尾輔音不同，之部是 *-k, *-g，而幽部是圓唇的舌根音 *-kw, *-gw。這部的入聲類寫作 *-kw 韻尾的，在《切韻》時代變成 -k，圓唇成分影響元音之後，就失去了。舉例如下：

入聲一等：告 *kəkw > kuok, 毒 *dəkw > duok,

𣪊 *təkw, *stəkw > tuok, suok。

二等：雹 *brəkw > båk, 學 *grəkw > ɣåk。

三等：腹 *pjəkw > pjuk, 目 *mjəkw > mjuk,

竹 *trjəkw > ṭjuk, 宿 *sjəkw > sjuk,

縮 *srjəkw > ṣjuk, 祝 *tjəkw > tśjuk,

淑、孰 *djəkw > źjuk,

六、陸 *ljəkw(< *gljəkw?) > ljuk,

叔 *sthjəkw > śjuk, 俶 *thjəkw > tśʰjuk,

鞠 *kjəkw > kjuk,

畜 *hjəkw, *skhrjəkw > xjuk, ṭhjuk,

育 *rəkw > jiuk, 愎 *bjiəkw(?) > bjək。

四等：迪 *diəkw > diek,

戚 *tshiəkw(*sthiəkw?) > tshiek。

從上面的例子看起來,*ə 受圓唇韻尾的影響先變 *o 再變 *uo。二等韻的演變可能是 *-rəkw > *rok > åk。*iə 好像不受韻尾圓唇的影響,但是很可能仍先變 io 再變 ie。

幽部陰聲一類的韻尾寫作 *-gw,到了《切韻》時代都變成元音 -u,除非因異化作用而變成-i,舉例如下：

陰聲一等：告 *kəgwh(又讀) > kâu, 考 khəgwx > khâu,

道 *dəgwx > dâu, 草 *tshəgwx > tshâu,

造 *skhəgwh(?),*sgəgwh(?) > tshâu, dzâu,

寶 *pəgwx > pâu, 冒 *məgwh > mâu。

又有牡 *məgwx > mǒu,

矛 *məgw, *mjəgw > mǒu, mjǒu,

戊 *məgwh > mǒu, 茂 *məgwh > mǒu。

這類侯韻字都是唇鼻音聲母,其特殊的演變顯然與之有關,也很像之部的唇音聲母字,有些也變成-ə̆u(見前)。原因不詳。

二等：包 *prəgw > pau, 茅 *mrəgw > mau,

卯 *mrəgwx > mau, 巧 *khrəgwx > khau,

膠 *krəgw > kau, 斅 *grəgwh > ɣau。

三等：求 *gjəgw > gjə̆u,

九 *kjəgwx(< *kwjəgwx?) > kjə̆u,

殠 *hjəgwx > xjə̆u, 臭 *skhjəgwh > tśhjə̆u,

首 *skhjəgwx(?) > śjə̆u, 修 *stjəgw > sjə̆u,

酉 *rəgwx > jiěu, 袖 *rjəgwh > zjə̌u,

由 *rəgw > jiə̌u, 丑 *hnrjəgwx > ṭhjə̌u,

秋 *tshjəgw > tshjə̌u, 舟 *tjəgw > tśjə̌u,

壽 *djəgwx, h > źjə̌u, 羞 *snjəgw > sjə̌u,

搜 *srjəgw > ṣjə̌u, 悠 *rəgw > jiə̌u,

浮 *bjəgw > bjə̌u, 憂 *·jəgw > ·jə̌u。

又有 彪 *pjiəgw > pjiə̌u, 謬 *mljiəgwh > mjiə̌u,

糾 *kjiəgwx > kjiěu, 幼 *·jiəgwh > ·jiə̌u。

又有 軌 *kwjiəgwx > kjwi 逵 *gwjiəgw > gjwi。

四等： 叫 *kiəgwh > kieu, 條 *diəgw > dieu,

蕭 *siəgw > sieu, 彫 *tiəgw > tieu。

上古的 *ə 元音在一等韻裏普通變 â, 如之部, 但是在-u 前 â 與 ậ 不分, 同此, *ə 元音受二等 *r 介音的影響普通變 ɛ 或 ǎ, 但在-u 前 a 與 ǎ, ɛ 也不分, 所以在《切韻》時期只有 âu, au 了。不過從入聲那類的演變的情形看來似乎圓唇舌根音韻尾對元音也當有下列的演變 *ə > *o > â, *rə > *ro > ǎ > a 這部裏我們沒能肯定擬有圓唇舌根聲母的字, 也沒有喻母三等的字(喻母三等是從圓唇舌根濁音 *gwj- 來的)。我想這並不一定說這部沒有圓唇舌根聲母的字, 因為凡是圓唇舌根聲母的字都受圓唇韻尾異化作用的影響, 變成不圓唇的舌根音了, 如九 *kwjəgwx(?) > *kjəgwx > kjə̌u。只有在 *-iəgw 前聲母的圓唇成分保留。而把韻尾的圓唇成分異化為-i, 而入脂韻合口了, 如軌 *kwjiəgwx > *kwjiəgx > kjwi。

唇音三等 *pj-等到後來變輕唇, 只有明母不變, 但是 *pj-後面如果有 *iə 幽韻則不變輕唇, 與之部字的演變相同。《切韻》時代的

41

尤韻是從*-jəgw來的,幽韻是從*-jiəgw來的,兩韻的來源可以很清楚的劃分出來。高麗譯音裏頭有些地方仍保留幽韻的 i,如糾 kiu,幼 iu,謬 iu(?),可是九變成*ku,優 u,否 pu。

（四）中部,這部也常稱爲冬部,因"冬部"與"東部"現在同音,説起來容易誤會,因此採取中部這個名字。中部是跟幽部相配的陽聲韻,韻尾是*-ngw。這部與侵部（*-əm）似乎最近似,詩韻中時常有協韻的現象,依現在的擬測,侵部與中部的主要元音都是*ə,韻尾都是有圓唇性的鼻音*-m 與*-ngw,這兩部不但音質近似,方言也許有*-m 與 *-ngw 混而爲一的可能。到了《切韻》的時代,圓唇舌根韻尾失去圓唇成分,而把前面的元音圓唇化了。這完全與幽部入聲的演變類似,舉例如下：

一等：冬*təngw > tuong,宗*tsəngw > tsuong。
二等：降*grəngw,*krəngwh > ɣång, kång。
三等：崇*dzrjəngw > dẓjung, 躬*kjəngw > kjung,
　　　窮*gjəngw > gjung, 中*trjəngw > ṭjung,
　　　終*tjəngw > tśjung, 戎*njəngw > nźjung,
　　　隆*gljəngw > ljung, 豐*phjəngw > phjung。

注意這部的字也沒有擬爲圓唇的舌根音聲母的,與幽部同。這也不能肯定説原來沒有,如果有的話也因爲受韻尾*-ngw 的異化作用而變成普通舌根音了。這部也沒有喻母三等的字,因爲喻母三等也是從圓唇的舌根音（*gwj-）來的,在這裏元音的演變當如下：*ə > *o > uo, *rə > *ro > å, *jə > *jo > ju。

（五）緝部,緝部是入聲韻,從《詩經》的押韻看起來沒有跟它相配的陰聲韻,但是從諧聲的系統看起來有些字似乎有失去唇塞音韻尾*-b 的可能。這是諧聲系統跟押韻系統的一個大分別,也表示諧聲系統仍有保存唇塞音韻尾的痕跡，而在《詩經》的韻裏就跟微部字(*-əd 見後)相押了。換言之，唇塞音韵尾*-b 已經在《詩經》時代變成舌尖塞音韵尾*-d 了。因此諧聲系統所保存殘餘的*-b的痕跡表示諧聲系統所代表的時期要比《詩經》押韻系統早一點，至少一部分諧聲系統是較早的。

我們先看看緝部入聲各種例字。

一等：合*gəp > ɣâp, 納*nəp > nâp, 荅*təp > tâp,

雜*dzəp > dzâp, 眔*dəp > dâp。

二等：洽*grəp > ɣăp, 恰*krəp > kăp。

三等：及*gjəp > gjəp, 邑**jəp > ˑjəp, 攝, 捏**jiəp > ˑjiəp,

集*dzjəp > dzjəp, 入*njəp > ńźjep, 十*djəp > źjəp,

習*rjəp > zjəp, 熠*rəp > jiəp, 立*gljəp > ljəp,

泣*khljəp > khjəp, 蟄*tjəp > tśjəp,

濕*khjəp, *skhjəp > khjəp, śjəp,

楫*tsjiəp(?) > tsjäp, 慴*tjiəp(?) > tśjäp,

爗*gwjəp > *jwəp > jəp (異化作用)。

四等：疊*diəp > diep。

跟以上這類字諧聲的，而在《詩經》裏跟*-d 押韻的，可以認爲上古的早期有*-b，後來*-b 變*-d。一向以爲*-b 變*-d 是受合口字的異化作用而發生的，我以爲這類合口字一部分是後起的，是*-b 變*-d 之後才發生的，跟微部字的合口成分有類似的來源(見後)。現在把這類字列如下：

內*nəbh > *nədh > *nuədh > nuậi,

但是訥*nəp > *nət (*-p > -t 是不規則的變化) > nuət。

對*təbh > *tədh > *tuədh > tuậi。

43

懷 *gwrəb(?) > *gwrəd > ɣwǎi。

壞 *gwrəbh(?) > *gwrədh > ɣwǎi。

位 *gwjəbh(?) > *gwjədh > jwi。

鷙 *trjiəbh > *trjiədh > ṭji。

摯 *tjiəbh > *tjiədh > tśi。

上古 *ə 變成 *uə 的條件跟微部文部的字一樣，如果元音是 *iə 則在舌尖音聲母後不發生合口介音 u 或 w（參看微文部字，見後）。

（六）侵部，這部是跟緝部相配的陽聲韻，韻尾是 *-m。這個韻尾 *-m 一部分受了脣音聲母的異化作用變成《切韻》時代的 -ng，至於元音的演變跟緝部相似。

一等：感 *kəmx > kậm，南 *nəm > nậm，
　　　三 *səm > sâm（不規則，當是 sậm），藍 *bləm > lậm。
　　　又有芃 *bəm > bung。

二等：減 *krəm > kăm，湛 *drəm > ḍăm。

三等：今 *kjəm > kjəm，音 **jəm > ·jəm，愔 **jiəm > ·jiəm，
　　　林 *gljəm > ljəm，禁 *kljəm > kjəm，
　　　廩 *bljəmx > ljəm，稟 *pljiəmx > *pjiəm > pjəm，
　　　品 *phljiəmx > *phjiəm > phjəm，深 *sthjəm > śjəm，
　　　沁 *hnjəmx > śjəm，心 *sjəm > sjəm，
　　　森 *srjəm > ṣjəm，譖 *tsrjəmh > tṣjəm，
　　　鬵 *dzjiəm(?) > dzjäm，
　　　黔 *gjəm，*gjiəm(?) > gjəm，gjäm。
　　　又有風 *pjəm > pjung，熊 *gwjəm(?) > jung。

四等：簟 *diəmx > diem，念 *niəmh > niem。

從上面的例子看起來脣音聲母或圓脣的舌根音聲母使 *ə 變 u，同

時也因異化作用使韻尾 *-m 後來變-ng,但是如果元音是 *iə 則仍保留 ə,同時也阻止了異化作用, *-m 不變-ng。不但如此, *pj-後來變輕脣,但是 *pj + i-就不變輕脣,參看蒸部及之部的例子。

（七）微部,自從王念孫把至部從脂部分出來以後,他的説法未被江有誥所採納,從來王力（《清華學報》12 卷 3 期）,又把脂部的一部分分出來跟王念孫的至部合併爲脂部,其餘的稱爲微部。董同龢從之。大致微部是文部的陰聲韻,脂部是真部的陰聲韻。這種分法大體可以接受,高本漢的 X, XI 部仍照王念孫的分法（至部）,他的 V, VI, VII 部包含有脂微兩部的字。不過脂微兩部的分野仍不易分清,講韻協韻的地方仍不少,諧聲也有例外。究竟那個字或那個偏旁應當入那一部仍有可商榷的餘地。我們希望將來再詳細的作一番研究,現在大體暫仍依王董兩位的意見分出微部。

微部在上古的音韻系統中是很特殊的。普通的情形是開口呼可以在脣、舌尖（包括 *t-, *ts-等）、舌根音（包括 *ˑ-, *h-）等聲母之後出現,而合口呼只能在脣及舌根音後出現（參看前面的之蒸兩部的字）,但微部字開口呼除去少數例外,幾乎沒有舌尖音聲母的字,而合口呼反常有舌尖音聲母字。這使我疑心這類合口呼是後起的,如卒 *tsət > tsuət, 突 *dət > duət 等, 帥 *srjət, *srjədh > ṣjuět, ṣwi 等。換言之在兩個舌尖音之間的 *ə 變爲 uə 或 wə。這種情形也見於文部字（見後）。

微部有一部分是入聲韻,到了《切韻》時代仍保存韻尾-t。有一部分是陰聲韻,到了《切韻》時代已把韻尾舌尖音 *-d 失去,而變爲-i,又有一部分把 *-r 失去不留痕跡了。先舉入聲韻的例子。

一等開口 : 齕 *gət > ɣət。

　　　合口 : 骨 *kwət > kuət, 没 *mət > muət,

忽 *hmət > xuət, 卒 *tsət > tsuət,

捽 *dzət > dzuət, 咄 *tət > tuət。

二等開口：軋 *·rət > ·ăt。

合口：滑 *gwrət > ɣwăt。

三等開口：乞 *khjət > khjət, 乙 *·jət > ·jět。

三等合口：弗 *pjət > pjuət, 物 *mjət > mjuət,

屈 *khwjət > khjuət, 出 *thjət > tśhjuět,

述 *djət > dźjuět, 律 *bljət > *ljuət > ljuět,

帥 *srjət > ṣjuět。

又有筆 *pljiət > pjět。

四等開口：齕 *giət > ɣiet（見《刊謬補缺切韻》）。

合口：繘 *kwiət > kiwet。

可注意的是 *pj- 後來變輕唇，正如前面之部、蒸部的字。也許經過一個稍帶圓唇的唇音 *pʷ-（如弗 *pjuət）的階段，可是如果後面有個 i 元音（iə）就不發生圓唇作用變作 pʷj-（如筆 piět）了。

現在我再舉微部的陰聲韻的例子。

一等開口：哀 *·əd > ·âi, 愷 *khədx > khâi,

逮 *dədh > dâi(？)。

合口：潰 *gwədh > ɣuâi, 嵬 *ngwəd > nguâi,

配 *phədh > phuâi, 徘 *bəd > buâi,

妹 *mədh > muâi（唇音後實不能分開合），

罪 *dzədx > dzuâi, 雷 *ləd > luâi,

隊 *dədh > duâi, 摧 *sthəd(？) > tshuâi,

從緝部來的陰聲韻到《詩經》時期與此部合併，如

內 *nəbh > *nədh > nuâi 等。

二等開口:俙 *hrəd > xǎi。
合口:槐 *gwrəd > ɣwǎi。疑是從緝部來的懷 *gwrəb > *gwrəd > ɣwǎi 到《詩經》時期與此合併。
三等開口:幾 *kjəd > kjěi,氣 *khjədh > khjěi,
衣 *·jəd > ·jěi。肆 *stjiədh > si,
器 *khjiədh > khji,轡 *rədh > jii,
悲 *pjiəd > pji,寐 *mjiədh > mi(?)。
合口:帥 *srjədh > ṣwi,歸 *kwjəd > kjwěi,
胃 *gwjədh > jwěi,飛 *pjəd > pjwěi,
未 *mjədh > mjwěi,醉 *tsjədh > tswi,
類 *ljədh > ljwi,饋 *gwjiədh > gjwi。
四等開口:棣 *diəd > diei。

注意唇音三等 pj-等,仍發生圓唇作用,後來變輕唇。如果 pj-後面有 i 元音(iə)就不發生圓唇作用,後來仍是重唇。

這部還有韻尾收 -r 的些字如:火 *hwərx(< hmərx?) > huâ,葼 *sər > suâ,蔂 *lər > luâ,縋 *drjərh > ḍwiě,燬 *hwjərx(< hmjərx?) > xjwě等。

(八)文部,這部是與微部相配的陽聲韻。韻尾收 *-n,一直到《切韻》時代仍保存着。這部跟微部有些類似的地言就是合口字大量出現於舌尖音聲母(如 t, ts 等)裏頭,舌尖音聲母後開口字反倒比較少。因此我們也可把這類合口成分認爲是後起的,現在把這部例字列在下面。

一等開口:根 *kən > kən,恩 *·ən > ·ən,
吞 *thən > thən(不規則)。

合口：魂 *gwən > ɣuən, 盆 *bən > buən,
本 *pənx > puən, 存 *dzən > dzuən,
昏 *hmən > xuən, 損 *skwənx(?) > suən,
論 *lən > luən, 臀 *dən > duən。

二等開口：艱 *krən > kǎn, 限 *grənx > ɣǎn,
盼 *phrənh > phǎn。

合口：鰥 *kwrən > kwǎn。

三等開口：振 *tsjiənh > tśjěn, 晨 *djiən > dźjěn, 又讀 źjěn,
忍 *njiənx > ńźjěn, 吝 *mljiənh > ljěn,
巾 *kjiən > kjěn, 貧 *bjiən > bjěn,
民 *mjiən > mjiěn(?), 斤 *kjən > kjən,
勤 *gjən, *gjiən > gjən, gjěn,
近 *gjənx, h > gjən, 莘 *srjiən > ṣjɛn。

合口：文 *mjən > mjuən, 君 *kwjən > kjuən,
雲 *gwjən > juən, 麇 *gwjiən > gjwən (不規則, 當作
gjwěn, 但是《廣韻》,《切韻》諄韻及真韻合口無羣母
字), 窘 *gwjiənx > gjwěn, 隕 *gwjənx > jwěn (不規則,
當作 jwən), 芬 *phjən > phjuən,
問 *mjənh > mjuən, 春 *thjən > tśhjuěn,
純 *djən > źjuěn, 順 *djənh > dźjuěn,
川 *thjiən(?) > *tswiən > tśjwän。

四等開口：先 *siən > sien, 典 *tiənx > tien,
荐 *dziənh > dzien, 殿 *diən > dien。

這部裏真韻（合口）,諄韻,及文韻（舉平以賅上去）三類在舌根

48

音後時有混雜現象。如文韻平去羣母有羣郡等字而上聲無字,真韻合口羣母上聲有窘等字(《集韻》改入諄上聲)而諄韻羣母平去沒有字。文韻曉母有動訓等字,而諄韻曉母無字。文韻喻母三等有云雲運量等字多在平去聲,而上聲只有幾個冷字,諄韻喻母三等無字,真韻合口喻三只上聲有殞隕等字,去聲無字,平聲字極少。因此這三類的合口字到了《切韻》時代似乎很混亂,分韻的人有猶疑不決的態度,因此從上古到中古的演變也有不規則的現象。

這部裏也時常有開口合口諧聲的現象。在脣音後《切韻》的開合問題原不重要。只要知道 pj- 發生圓脣作用後演變爲輕脣,而 pj 後有 i(iən) 則不發生圓脣作用,後來仍是重脣。但是在齒音(*t-,*ts-)等字合口是後起的如存 *dzən > dzuən,脣 *djən > dźjuěn,但是如果後面有 i(iən) 元音則不發生圓脣作用,如荐 *dziən > dzien,晨 *djiən > dźjěn, źjěn 等。這類在《切韻》時代看起來似乎是開口合口混諧,實際在上古時代都是開口字。吞字是例外,在《切韻》裏仍是開口,可是後來也漸漸趕上別的字一樣的有合口的讀法了。

以上八部只需一個 *ə 元音,跟一個 *iə 複合元音。這在押韻上也比較高本漢的 ə、ɛ、ŭ 近乎實際,也可以解釋少數協韻的現象。從上古到中古的演變上也可以解決不少困難,這裏頭雖然仍有些小問題,大體無甚妨礙,只能留待將來。

現在我們繼續討論有 *a 元音的韻部。

(九)祭部,這一部也有入聲韻跟陰聲韻兩類,不過陰聲韻都在去聲。這很顯然表示韻尾與聲調的關係,我們雖然承認上古時代是有聲調的,但是我們不能忘記聲調仍有從不同的韻尾輔音或複輔音產生的可能,我們先看入聲這類。

一等開口：葛 *kat > kât, 達 *dat > dât, 獺 *hlat > thât,
　　　　　曷 *gat > ɣât。
　　合口：活 *gwât > ɣuât, 鬠 *gwat > ɣuât,
　　　　　末 *mat > muât, 跋 *bat > buât（脣音後《切韻》實不分
　　　　　開合），奪 *duat > duât, 捋 *luat > luât。
二等開口：揳 *grat > ɣat, 瞎 *hrat > xat。
　　　　　殺 *sriat > ṣăt, 察 *tshriat > tṣăt,
　　　　　介 *kriat > kăt。
　　合口：刮 *kwrat > kwat, 刖 *ngwrat > ngwat,
　　　　　鵽 *truat > ṭwat（《刊謬補缺切韻》入轄），
　　　　　拔 *briat > bwăt, 八 *priat > pwăt（脣音後《切韻》實不
　　　　　分開合），婠 *˙wriat > ˙wăt。
三等開口：揭 *kjat > kjɐt, 歇 *xjat > xjɐt。
　　　　　別 *pjiat > pjät, 滅 *mjiat > mjät,
　　　　　傑 *gjiat > gjät, 竭 *gjiat > gjät,
　　　　　舌 *djat > dźjät, 烈 *ljat > ljät, 哲 *trjat > ṭjät,
　　　　　熱 *njat > ńźjät。
　　合口：伐 *bjat > bjwɐt, 發 *pjat > pjwɐt,
　　　　　月 *ngwjat > ngjwɐt, 越 *gwjat > jwɐt,
　　　　　蹶 *gjuat(?) > gjwɐt, 蕨 *kjuat(?) > kjwɐt,
　　　　　威 *hmjiat > xjwät。
四等開口：截 *dziat > dziet, 楔 *skiat > siet,
　　　　　契 *khiat > khiet, 蔑 *miat > miet。
　　合口：缺 *kwiat > kiwet。
這部除有 *a 元音外，必須有 *ia 跟 *ua 兩個複合元音。*ia 不但

要來分辨四等韻並且可用來分辨鎋黠兩個二等韻。我們知道鎋韻與曷末月接近,而黠韻接近薛屑,所以我們認爲鎋韻有 *a,受二等 *r介音的影響變成前面或較高的 a(不變 â),而黠韻有 *ia,這個複合元音的 *i 也受二等 *r 介音的影響變成 ε 或 ǎ(見後面佳真兩部字),然後與後而的 a 相連成爲 ǎ,這與山刪的演變完全相同(見後面元部字)。這個解釋與高本漢的說法相反。他以爲刪韻的 a 是長的而山韻的 ǎ 是短的。從我們的說法看起來山韻的 ǎ 是從兩個元音(複合元音)變來的,不應當是短的,只是元音的高低不同而已。

這部跟元部歌部一樣在上古舌尖音後有合口的字。中古的合口字大多數是從上古的唇音及圓唇舌根音變來,但是這三部舌尖音聲母的合口字,必須暫時擬一個 *ua 複合元音。Yakhontov(1960)以爲這類的字該是 *ot,這從《詩經》的押韻的情形看起來似乎不可能,至少在《詩經》的時代已經是 *uat 了。

這部的陰聲韻都是去聲,舉例如下:

一等開口:害 *gadh > ɣâi 大 *dadh > dâi,

蔡 *tshadh > tshâi。

合口:會 *gwadh > ɣwâi,外 *ngwadh > ngwâi,

兌 *duadh > duâi,

貝 *padh > pwâi(唇音後實不分開合)。

二等開口:蠆 *thradh > ṭhai,犗 *kradh > kai,

介 *kriadh > kǎi,瘵 *tsriadh > tṣǎi,

殺 *sriadh > ṣǎi。

合口:夬 *kwradh > kwai,話 *gwradh > ɣwai,

敗 *pradh,*bradh > pwai,bwai,

拜 *priadh > pwǎi(唇音後《切韻》實不分開合),

　　　　　　甈 *gwriadh > ɣwǎi。

三等開口：艾 *ngjadh > ngjɐi, 揭 *khjiadh > khjäi,

　　　　　藝 *ngjiadh > ngjäi, 世 *sthjadh（< sthjabh?）> śjäi,

　　　　　制 *tjadh > tśjäi, 祭 *tsjadh > tsjäi,

　　　　　厲 *ljadh > ljäi, 敝 *pjiadh > pjäi。

　合口：濊 *·wjadh > ·jwɐi, 肺 *phjadh > phjwɐi,

　　　　廢 *pjadh > pjwɐi, 劌 *kwjiadh > kjwäi,

　　　　衛 *gwjadh > jwäi（似應當入廢韻，但廢韻無喻母三等合口字）, 歲 *skwjadh > sjwäi,

　　　　銳 *ruad > jiwäi, 說 *sthjuadh > śjwäi。

四等開口：契 *khiadh > khiei, 蠆 *tiadh > tiei。

　合口：慧 *gwiadh > ɣiwei。

（十）歌部，這一部是古韻分部中唯一沒有與入聲相配的陰聲韻，但是他仍有跟元部（韻尾 *-n）諧聲及押韻的痕跡，因此我們暫擬一個韻尾輔音 *-r。這個輔音到了《切韻》時代早已失去不留痕跡，與微部的 *-r 相同。高本漢把歌部分裂爲二，一部有 *-r，一部沒有韻尾輔音。

這部跟有舌尖韻尾輔音的祭部跟元部一樣在舌尖音聲母的字裏有合口韻，這部的例字如下：

一等開口：多 *tar > tâ, 癉 *tar > tâ, 何 *gar > ɣâ,

　　　　　左 *tsarx > tsâ, 賀 *garh > ɣâ。

　合口：果 *kwarx > kuâ, 過 *kwarh > khâ,

　　　　坐 *dzuarx, h > dzuâ, 墮 *duarx > duâ,

　　　　頗 *phar > phuâ,

　　　　磨 *mar > muâ（唇音後《切韻》不分開合）。

二等開口：加 *krar > ka, 駕 *krarh > ka, 沙 *srar > ṣa,
差 *tshrar, tshrad > tṣha, tshaï, 麻 *mrar > ma,
罷 *bradx > baï（唇音後《切韻》不分開合）。

合口：騧 *kwrar, kwrad > kwa, kwaï,
瓦 *ngwrarx > ngwa, 化 *hwrarh > hwa,
髽 *tsruar > tṣwa。

三等開口：蛇 *djar > dźja, 嗟 *tsjar > tsja, 奇 *kjar, gjar > kjĕ, gjĕ,
施 *sthjiar, rarh > śjĕ, jiĕ,
移 *rar > jiĕ, 離 *ljiar > ljĕ, 离 *hljar > ṭhjĕ,
皮 *bjiar > bjĕ, 靡 *mjiar > mjĕ。

合口：爲 *gwjar > jwĕ, 虧 *khwjar > khjwĕ,
跪 *gwjiarx > gjwĕ, 危 *ngwjar > ngjwĕ,
隨 *rjuar > zjwĕ, 吹 *thjuar > tśhjwĕ。

四等開口：地 *diarh(?) > di。

這部有一個特殊的現象，就是唇音字後來沒有變輕唇的，因此我們只能暫時把這些字擬爲 *pjiar。如果擬爲 pjar 也未嘗不可，不過爲什麼 *pj-不變輕唇似乎難以解釋。

（十一）元部，這部可以算是跟歌部祭部相配的陽聲韻，歌部多平上聲字，祭部只有去入聲字，除去少數歌部的去聲字以外，歌祭兩部也正好相配爲一部。元部也跟歌部祭部一樣在舌尖聲母後有合口字，所以這部的元音除 *a 外，也得有 *ia 跟 *ua，這部的例字如下：

一等開口：干 *kan > kân, 安 *ʼan > ʼân, 難 *nan > nân,
歎 *hnan > thân, 贊 *tsanh > tsân。

合口：冠*kwan > kuân, 緩*gwanx > ɣuân,

段*duanh > duân, 鑽*tsuanh > tsuân,

觀*kwan > kuân, 滿*manx > muân,

泮*phanh > phuân（脣音後《切韻》實不分開合）。

二等開口：菅*kran > kan, 雁*ngranh > ngan,

刪*sran > ṣan, 慢*mranh > man,

赧*nranx > ṇan, 板*pranx > p(w)an,

蠻*mran > m(w)an（脣音後《切韻》實不分開合），

簡*krian > kǎn, 閑*grian > ɣǎn, 山*srian > ṣǎn,

棧*dzrianx > dẓǎn, 辦*brianh > bǎn。

合口：關*kwran > kwan, 頑*ngwran > ngwan,

篡*tshruanh > tṣhwan,

幻*gwrianh > ɣwǎn。

三等開口：建*kjanh > kjɐn, 軒*xjan > xjɐn,

言*ngjan > ngjɐn,

乾*gjian > gjän, 衍*grjanx > jiän,

騫*khjian > khjän,

遣*khjianx, h > khjiän, 焉*gwjan > *jwan > jän（例外失去圓脣，因爲是語助詞輕聲的緣故），

連*ljan > ljän, 淺*tshjan > tshjän,

羨*ran, rjan > jiän, zjän, 展*trjanx > ṭjän,

戰*tjanh > tśjän, 禪*djanh > źjän,

勉*mjianx > mjän, 弁*bjianh > bjän,

便*bjianh > bjän, 面*mjianh > mjiän。

合口：反*pjanx > pjwɐn, 萬*mjanh > mjwɐn,

元 *ngwjan > ngjwɐn, 援 *gwjan > jwɐn,
遠 *gwjanx > jwɐn, 圈 *gjuanx, h > gjwɐn(？),
院 *gwjanh > *jwanh > jwän(？),
權 *gwjian > gjwän, 倦 *gwjianh > gjwän,
捲 *kwjianx, h > kjwän, 絹 *kwjian(？) > kjiwän,
轉 *trjuanx, h > ṭjwän, 全 *dzjuan > dzjwän,
宣 *skwjan > sjwän, 專 *tjuan > tśjwan。

四等開口：見 *kianh, gianh > kien, ɣien, 前 *dzian > dzien。

合口：邊 *pian > piwen, 片 *phianh > phiwen（唇音字《切韻》實不分開合），縣 *gwianh > ɣiwen,

蜎 **wian > °iwen。

《切韻》仙韻唇及舌根音重紐分三四等。它們的上古音的來源也有混亂的現象，大約是方言混雜的緣故。

刪與元接近，山與仙先接近（參看董同龢 1944, 86–96 頁），所以刪是有 *a 而山是有 *ia 的，跟祭部的鎋黠皆夬四韻的情形相似。

複合元音 *ua 只在舌尖聲母及少數舌根音後出現，與祭部歌部相同，上古時期他的分佈也許更廣，現在無從分辨了。

（十二）葉部，這部韻尾收 *-p，在押韻中沒有跟它相配的陰聲韻，不過從諧聲字看起來也有少數的陰聲字似乎失去韻尾，到了《詩經》時期就歸入祭部裏去了。舉例字如下：

一等開口：盍 *gap > ɣâp, 臘 *lap > lâp, 蹋 *dap > dâp。

二等開口：甲 *krap > kap, 狎 *grap > ɣap, 壓 **rap > *ap,
  霎 *srap > ṣap,
  夾 *kriap > kăp, 插 *tshriap > tṣhăp。

三等開口：業 *ngjap > ngjɐp, 怯 *khjap > khjɐp。
  饁 *gwjap > *jwap > jäp（異化作用），

聶 *nrjap > ɳjäp, 攝 *hnjap > śjäp,

慴 *tjap(?) > tśjäp, 接 *tsjap > tsjäp,

涉 *djap > źjäp, 葉 *rap > jiäp。

合口：法 pjap(< *kwjap?) > pjwɐp, 乏 *bjap > bjwɐp。

四等開口：協 *giap > ɣiep, 帖 *thiap > thiep,

愜 *kiap > kiep, 屟 *stiap > siep。

這部的字很少是唇音聲母或圓唇的舌根聲母。《切韻》的合口字完全是從唇音聲母三等演變而來，後來變輕唇。二等狎洽的分別跟祭部的鎋黠，元部刪山的分別一樣。

這部有些陰聲字似乎由 *-bh > *-dh > -i 而來，如蓋 *kabh > *kadh > kâi, 芮 *njabh > *njadh > ńźjäi, 瘥 **jiabh > *·jiadh > ·jäi, 荔 *gliabh > *gliadh > liei 等。

（十三）談部，談部是與葉部相配的陽聲韻，韻尾收 *-m，舉例如下：

一等開口：甘 *kam > kâm, 敢 *kamx > kâm,

藍 *glam > lâm, 談 *dam > dâm,

暫 *dzamh > dzâm。

二等開口：監 *kram > kam, 巖 *ngram > ngam,

讒 *dzram, dzriam > dẓam, dẓăm,

斬 *tsriam > tṣăm, 鹹 *kriamx > kăm。

三等開口：嚴 *ngjam > ngjɐm, 俺 **jam > ·jɐm,

欠 *khjam > khjɐm, 貶 pjiam > pjäm,

檢 *kljiamx > kjäm, 驗 *ngljiamh > ngjäm,

淹 **jiam > ·jäm, 占 tjam > tśjäm,

淹 *ˑjiam > ˑjäm, 占 *tjam > tśjäm,
覘 *trjam > ṭjäm, 厭 *ˑjiam > ˑjiäm（？）,
鹽 *grjam > jiäm, 炎 *gwjam > *jwam > jäm,（異化作用）, 纖 *sjam > sjäm。

合口：泛 *phjamh > phjwɐm, 凡 *bjam > bjwɐm。

四等開口：兼 *kliam > kiem, 恬 *diam > diem。

這部也跟葉部一樣，很少有唇音聲母字跟圓唇的舌根音聲母字，二等銜咸的分別也跟葉部的狎洽，元部刪山等一樣。

（十四）魚部，這部分入聲及陰聲兩類，入聲韻尾收 *-k，陰聲收 *-g，先把入聲韻例字列如下：

一等開口：惡 *ˑak > ˑâk, 各 *klak > kâk, 落 *glak > lâk,
諾 *nak > nâk, 度 *dak > dâk, 作 *tsak > tsâk,
博 *pak > pâk, 莫 *mak > mâk, 索 *sak > sâk。

合口：郭 *kwak > kwâk, 穫 *gwak > ɣwâk。

二等開口：客 *khrak > khɐk, 格 *krak > kɐk,
百 *prak > pɐk, 宅 *drak > ḍɐk, 啞 *ˑrak > ˑɐk,
索 *srak > ṣɐk。

合口：獲 *gwrak > ɣwɐk, 虢 *kwrak > kwɐk。

三等開口：卻 *khjak > khjak, 若 *njak > ńźjak,
著 *trjak > ṭjak, 略 *gljak > ljak,
醵 *gjak > gjak,
劇 *gjiak > gjɐk, 虩 *hjiak > xjɐk,
逆 *ngjiak > ngjɐk,
昔 *sjiak > sjäk, 夕 *rjiak > zjäk,
籍 *dzjiak > dzjäk, 亦 *rak > jiäk,

液 *rak > jiäk, 石 *djiak > źjäk,

釋 sthjiak > śjäk, 尺 *thjiak > tśhjäk。

赤 *skhjiak(?) > tśhjäk,

碧 *pjiak > pjäk(董入佳部入聲)。

合口:縛 *bjak > bjwak, 钁 *kwjak > kjwak。

這部似乎沒有四等字,高本漢有冪 miek, 珞 liek 兩字,甚可疑。這部二等也只有一韻(陌)。其中如百字 pɐk 很可能是從 *priak 來的,不過到了《切韻》時已經跟 *prak 相混,無可分辨,不像元部、談部等,仍可分刪山,銜咸兩個二等韻。

跟這部入聲類相配的陰聲類的字,舉例如下:

一等開口:惡 **agh > ·uo, 度 *dagh > duo,

莫 *magh > muo, 古 *kagx > kuo,

五 *ngagx > nguo, 姑 *kag > kuo, 都 *tag > tuo,

奴 *nag > nuo, 祖 *tsagx > tsuo,

素 *sagh > suo, 布 *pagh > puo,

補 *pagx > puo。

合口:孤 *kwag > kuo, 吳 *ngwag > nguo,

狐 *gwag > ɣuo, 污 **wag > ·uo,

誤 *ngwagh > nguo。

二等開口:家 *krag > ka, 下 *gragx > ɣa, 牙 *ngrag > nga,

詐 *tsragh > tṣa, 乍 *dzragh > dẓa,

怕 *phragh > pha, 馬 *mragx > ma。

合口:瓜 *kwrag > kwa, 寡 *kwragx > kwa,

華 *gwrag > ɣwa, 攉 *gwragh > ɣwa。

三等開口:借 *tsjiagh > tsja, 寫 *sjiagx > sja, 射 *djiagh, *riagh >

　　　　　dźja, jia, 謝*rjiagh > zja,

　　　　　社*djiagx > źja, 車*skhjiag > tśhja。

　　合口：車*kjag > kjwo, 庶*sthjagh > śjwo,

　　　　　如*njag > ńźjwo, 余*rag > jiwo,

　　　　　女*nrjagx > ṇjwo, 絮*hnjagh > śjwo,

　　　　　箸*trjagh > ṭjwo, 許*hngjagx > xjwo,

　　　　　據*kjagh > kjwo, 瞿*kwjagh > kju,

　　　　　虞*ngwjag > ngju, 于*gwjag > ju,

　　　　　雨*gwjagx > ju, 夫*pjag > pju,

　　　　　父*bjagx > bju, 無*mjag > mju,

　　　　　懼*gwjiagh > gju。

（十五）陽部，這部是魚部的陽聲韻，韻尾是*-ng, 舉例如下：

一等開口：岡*kang > kâng, 康*khang > khâng,

　　　　　行*gang > ɣâng, 堂*dang > dâng,

　　　　　藏*dzang > dzâng, 喪*smang(?) > sâng。

　　合口：光*kwang > kwâng, 皇*gwang > ɣwâng,

　　　　　廣*kwangx > kwâng,

　　　　　旁*bang > bwâng（唇音字實不分開合），

　　　　　荒*hmang > xwâng。

二等開口：庚*krang > keng, 行*grang > ɣeng,

　　　　　根*drang > ḍeng, 彭*brang > beng,

　　　　　孟*mrangh > meng（唇音後開合實不能分）。

　　合口：觵*kwrang > kweng, 橫*gwrang > ɣweng。

三等開合：姜*kjang > kjang, 羊*rang > jiang,

　　　　　祥*rjang > zjang, 強*gjang > gjang,

59

長 *trjangx > ṭjang, 良 *ljang > ljang,
涼 *gljang > ljang, 相 *sjang > sjang,
襄 *snjang > sjang, 讓 *njang > ńźjang,
饟 *hnjang > śjang, 霜 *srjang > ṣjang,
常 *djang > źjang, 餉 *skhjangh(?) > śjang,
莊 *tsrjang > tṣjang, 章 *tjang > tśjang,
醬 *tsjangh > tsjang。
慶 *khjiang(h) > khjɐng, 迎 *ngjiang > ngjɐng,
英 *·jiang > ·jɐng, 鯨 *gjiang > gjɐng,
景 *kljiang > kjɐng。

合口：王 *gwjang > jwang, 狂 *gwjiang > gjwang（不規則，當入庚韻合口三等，但是庚韻合口三等無羣母字），
匡 *khwjang > khjwang,
方 *pjang > pjwang, 房 *bjang > bjwang,
亡 *mjang > mjwang。
兵 *pjiang > pjwɐng, 病 *bjiangh > bjwɐng,
明 *mjiang > mjwɐng（唇音後實不分開合），
永 *gwjiang(?) > jwɐng（不規則，當作 *gjwɐng，但庚韻合口三等無羣母字）。

這部二等也只有一韻（庚），跟魚部同，不像元部談部二等有兩個韻。這裏也有兩類字跟我們所擬定 *gwj-,*gwji-的演變規則不合（狂、永），是否由於方言的混雜現象就不可知了。

（十六）宵部，這部也有陰聲跟入聲兩類。陰聲類的演變到後來都收-u 音的緣故，我們擬定這部的韻尾是圓唇的舌根音 *-gw,*-kw。

這部有一個特殊情形,就是沒跟它相配的陽聲韻,換言之沒有 *-angw。我們知道鼻音的分別不如塞音分的細密,很可能 *-angw 早就跟 *-ang 混了。先把這部的入聲類舉例如下:

一等:熇 *hakw > xuok, xuk, xâk, 鶴 *gakw > ɣâk,

　　　雈 *gakw > ɣuok, 沃 *·akw > ·uok,

　　　襮 *pakw > pâk, puok, 樂 *nglakw > lâk,

　　　鑿 *dzakw > dzâk, 暴 *bakw > buk。

二等:樂 *ngrakw > ngåk, 較 *krakw > kåk,

　　　駁 *prakw > påk, 眊 *mrakw > måk,

　　　卓 *trakw > ṭåk, 濯 *drakw > ḍåk。

三等:虐 *ngiakw > ngjak, 蹻 *gjakw > gjak,

　　　藥 *ngrjakw(?) > jiak, 綽 *thjakw > tśhjak,

　　　勺 *djakw > źjak, 約 *·jakw > ·jak,

　　　躍 *rakw > jiak, 弱 *njakw > ńźjak。

四等:的 *tiakw > tiek, 翟 *diakw > diek,

　　　櫟 *ngliakw(?) > liek, 溺 *niakw > niek,

　　　激 *kiakw > kiek。

從上面的例子看起來韻尾 -kw 把圓唇成分失去,在一二等裏還影響元音,在三四等裏似乎不發生什麼影響。在一等字裏對元音的影響不很一致,《切韻》時代多數是 â,尤其是在舌尖音聲母之後,在唇音及舌根音聲母後面有變 â, uo, 跟 u 的,很多字有兩讀三讀的,我們不願意像高本漢、董同龢兩位另外擬下同元音來解釋這種不同的演變,只好認為是方言混雜的現象。

這部的陰聲韻,舉例如下:

61

一等：高＊kagw > kâu, 號＊gagwh > ɣâu,
　　　敖＊ngagw > ngâu, 刀＊tagw > tâu,
　　　桃＊dagw > dâu, 勞＊lagw > lâu,
　　　操＊tshagw > tshâu, 暴＊bagwh > bâu,
　　　毛＊magw > mâu。
二等：教＊kragwh > kau, 效＊gragwh > ɣau,
　　　爆＊pragwh > pau, 貌＊mragwh > mau,
　　　巢＊dzragw > dẓau, 筲＊sragw > ṣau。
三等：驕＊kjagw > kjäu, 喬＊gjagw > gjäu,
　　　翹＊gjiagw > gjiäu,
　　　鴞＊gwjagw > ＊jwagw > jäu（異化作用），
　　　表＊pjagwx > pjäu, 標＊pjiagw > pjiäu,
　　　廟＊mjagw > mjäu, 眇＊mjiagwx > mjiäu,
　　　要＊·jiagw > ·jiäu, 夭＊·jagw > ·jäu,
　　　超＊thrjagw > ṭhjäu, 趙＊drjagwx > ḍjäu,
　　　焦＊tsjagw > tsjäu, 小＊sjagwx > sjäu,
　　　昭＊tjagw > tśjäu, 姚＊ragw > jiäu, 韶＊djagw > źjäu,
　　　燒＊skhjagw(？) > śjäu。
四等：皎＊kiagwx > kieu, 堯＊ngiagw > ngieu,
　　　弔＊tiagwh > tieu, 僚＊liagw > lieu,
　　　苕＊diagw > dieu。

這部二等只有入聲覺跟陰聲肴各一韻，不像元部談部等二等各分兩韻，宵韻唇音聲母＊pj-不變輕唇，因爲後面-u的異化作用阻止pj-的圓唇作用，宵韻的重紐三四等也可以分辨的清楚。

以上從（九）到（十六）是有＊a元音的八部，這些部若除去＊a元音外，還得有＊ia複合元音，但是韻尾收舌尖音＊-r,＊-n,＊-t,＊-d

等的三部仍得有 *ua 複合元音。

現在我們討論有 *i 元音的各部,這裏我們没有收唇音 *-m, *-p 的韻部,所以只有四部,這四部都没有一等韻,顯然因爲 i 是三四等的元音。

(十七)脂部,這部依王力、董同龢把王念孫至部的字跟脂部一部分的字合爲脂部,因此這部除去高本漢的第 X 類跟第 XI 類外還有他的第 VII 類的字。這部在詩韻裏也有跟微部混用的現象,這部有陰聲跟入聲兩類,先把入聲韻的例字列如下:

二等開口:桔 *krit > kăt,黠 *grit > ɣăt。

合口:劀 *kwrit > kwăt。

三等開口:吉 *kjit > kjiĕt,詰 *khjit > khjiĕt,

姞 *gjit > gjiĕt(《切韻》質韻無重紐四等羣母字,但李榮列入四等 gjiĕt),必 *pjit > pjiĕt,

匹 *phjit > phjiĕt,蜜 *mjit > mjiĕt,

密 *mjit(?) > mjĕt(董同龢因爲它是質韻重紐三等歸入微部入聲 *mjiət),一 *·jit > ·jiĕt,

逸 *rit > jiĕt,栗 *ljit > ljĕt,七 *tshjit > tshjĕt,

疾 *dzjit > dzjĕt,室 *sthjit > śjĕt,

日 *njit > nźjĕt,姪 *drjit > ḍjĕt,

實 *djit > dźjĕt。

又櫛 *tsrjit > tṣjɛt,瑟 *srjit > ṣjɛt。

合口:橘 *kwjit > kjiuĕt,恤 *skwjit > sjuĕt。

四等開口:柲 *bit > biet,結 *kit > kiet,襭 *git > ɣiet,

節 *tsit > tsiet, 切 *tshit > tshiet。

合口：血 *hwit > xiwet, 穴 *gwit > ɣiwet，

闃 *khwit > khiwet。

從以上的例字看起來，合口字完全是由圓唇舌根聲母來的。唇音聲母三等不變輕唇也正因爲後面的元音是 *i，與別的韻部的規則相合。這個韻部的 *i 元音到了漢代（或漢代以前）就開始變爲複合元音 iĕ，因此漢代的押韻情形是脂部入聲與微部入聲不分的。《切韻》時代質術兩韻有重紐三四等之分，大致三等是從微部入聲來的，四等是從脂部入聲來的，不過時常有混亂的現象，也許是 *i > *iĕ 發生的很早的原故。

有些字如卽《廣韻》入職韻 tsjək，洫血等也入職韻 xjwək，顯然有 *-t 跟 *-k 相混的現象。從《詩經》的用韻看起來應當是 *-t，那麽《切韻》裏的字音當是代表另外一種方音，換言之有些方言 *-t 在 *i 的後面有變 *-k 的可能。也許還有另外一個解釋就是說有些方言古代 *-k 在 *i 的後面受同化作用向前移動變 > *-kʲ > *-tʲ > -t，所以《詩經》裏至少有些收 *-t 的字來源可能是從 *-k 來的，這也許是比較合理的解釋。

脂部的陰聲韻的例字如下：

二等開口：皆 *krid > kăi，諧 *grid > ɣăi，

齋 *tsrid > tṣăi。

三等開口：飢 *kjid > kji（脂韻重紐四等無見母字），

欷 *khjidh > khi，

祁 *gjid > gji（重紐四等無羣母字），

耆 *gjid > gji，旨 *skjidx(?) > tśi，

示 *sgjidh(?) > dźi，矢 *sthjidx > śi，

至 * tjidh > tśi, 二 * njidh > nźi,
四 * sjidh > si, 師 * srjid > ṣi,
遲 * drjid > ḍi, 利 * ljidh > li,
夷 * rid > jii, 比 * pjidx > pi,
眉 * mjid > mji, 美 * mjidx > mji,（脂韻重紐四等平上聲無明母字,去聲有寐字入微部）,
匕 * pjid > pi, 姊 * tsjidx > tsi,
死 * sjidx > si。
合口: 癸 * kwjidx > kwi, 季 * kwjidh > kwi,
血 * hwjidh > xwi, 穗 * sgwjidh > zwi。
四等開口: 齊 * dzid > dziei, 稽 * kid > kiei,
計 * kidh > kiei, 弟 * didx > diei,
禮 * lidx > liei, 西 * sid > siei,
迷 * mid > miei, 泥 * nid > niei,
閉 * pidh > piei。
合口: 睽 * khwid > khiwei, 惠 * gwidh > ɣiwel。

這類的例字跟入聲韻一樣,合口字全是從圓唇舌根音聲母來的。唇音聲母三等不變輕唇。唇音及舌根聲母的字歸到脂韻重紐三等或四等,原因也不甚清楚。這類字到漢代就跟微部混合了。

（十八）真部,這是跟脂部相配的陽聲韻,韻尾收 * -n,這部也沒有一等韻,例字如下:

二等開口: 臤 * khrin > khăn。
三等開口: 緊 * kjinx > kjiěn, 因 * * jin > · jiěn,
引 * rinx > jiěn, 真 * tjin > tśjěn,
神 * djin > dźjěn, 人 * njin > nźjěn,

申 *sthjin > śjĕn, 賢 *sgjinx > źjĕn,
慎 *djinh > dźjĕn, 進 *tsjin > tsjĕn,
信 *sjinh > sjĕn, 陣 *drjinh > djĕn,
珍 *trjin > ṭjĕn, 賓 *pjin > pjiĕn,
頻 *bjin > bjiĕn, 民 *mjin > mjiĕn。
又有榛 *tsrjin > tṣjɛn, 莘 *srjin > ṣjɛn。

合口：均 *kwjin > kjiuĕn, 勻 gwrjin > jiuĕn,
筠 *gwjin > juĕn(？), 旬 *sgwjin > zjuĕn,
洵 *skwjin > sjuĕn。

四等開口：賢 *gin > ɣien, 電 *dinh > dien,
田 *din > dien, 年 *nin > nien,
憐 *lin > lien, 蠙 *bin > bien。

合口：玄 *gwin > ɣiwen, 淵 **win > ˙iwen。

這部跟脂部一樣的沒有變輕唇的字。合口字也都從上古的圓唇的舌根聲母來的。唇音及舌根聲母的三等字都入真諄的重紐四等，比脂部字較有規律。

這部還有令字，《詩經》用韻表示應當有韻尾 *-n，可是《切韻》入清（去聲勁韻）ljäng。命字也應當有 *-n，可是《切韻》入庚 mjɐng，這種在 *i 元音後 *-n 與 *-ng 相混的情形也與脂部入聲相似。比較合理的解釋是有些方言如《詩經》*-ng 受 *-i 元音的影響變 *-ń 再變 *-n，而《切韻》的方言是保存-ng 的。這部字到了漢代也與文部字混而不分了。這也表示上古 *i 有變爲 iě 的現象。

（十九）佳部，這一部一向都稱支部，可是因有之部脂部，再來一個支部，說話的時候不免又得增加一個"干支的支部"，所以我就

採用董同龢的名詞管它叫佳部,這部有陰聲及入聲兩類,先將入聲例字列下:

二等開口:隔 *krik > kɛk,厄 *ˑrik > ˑɛk,
　　　　責 *tsrik > tʂɛk,謫 *trik > ṭɛk,
　　　　擘 *prik > pɛk,
　　　　脈 *mrik > mɛk(唇音後實不分開合)。
合口:畫 *gwrik > ɣwɛk,繣 *hwrik > xwɛk。
三等開口:益 *ˑjik > ˑjiäk,適 *sthjik > śjäk,
　　　　脊 *tsjik > tsjäk,易 *rik > jiäk,
　　　　辟 *pjik > pjiäk,僻 *phjik > phjiäk。
合口:役 *gwrjik > jiwäk。
四等開口:擊 *kik > kiek,鶃 *ngik > ngiek,
　　　　甓 *bik > biek,冪 *mik > miek,
　　　　鬲 *glik > liek,狄 *dik > diek,
　　　　剔 *thik > thiek,錫 *stik > siek,
　　　　績 *tsit > tsiek。
合口:鶪 *kwik > kiwek。

這類的合口字也都是後圓唇舌根音聲母來的,唇音聲母也不變輕唇,跟脂部真部一樣。

這部的陰聲韻例字如下:

二等開口:解 *krigx,*grigx > kaï,ɣaï,牌 *brigh > baï,
　　　　買 *mrigx > maï,債 *tsrigh > tʂaï,
　　　　柴 *dzrig > dẓaï,曬 *srigh > ṣaï。
合口:卦 *kwrigh > kwaï,畫 *gwrigh > ɣwaï。
三等開口:衹 *gjig > gjiĕ,

伎 *gjigx > gjě,（支韻上聲重紐四等無羣母字），

企 *khjigx, h > khjiě,

芰 *gjigh > gjě,（支韻上聲重紐四等無羣母字），

知 *trig > ṭjě, 易 *righ > jiě,

此 *tshjigx > tshjě, 賜 *stjigh > sjě,

是 *djigx > źjě, 提 *tjig > tśjě, 支 *skjig > tśjě,

兒 *ngjig(?) > ńźjě, 臂 *pjig > pjiě,

避 *bjigh > bjiě, 弭 *mjigx > mjiě。

合口：觿 *hwjig > xjwiě, 規 *kwjig > kjwiě。

四等開口：繫 *kigh, *gigh > kiei, ɣiei, 雞 *kig > kiei,

睨 *ngigh > ngiei, 帝 *tigh > tiei,

提 *dig > diei, 麗 *ligh > liei, 劈 *pigh > piei,

椑 *big > biei。

合口：圭 *kwig > kiwei, 攜 *gwig > ɣiwei。

這類跟入聲類的情形很相似，舌根音及唇音聲母的三等都歸入支韻重紐四等。有幾個歸入三等的似乎與聲母的清濁跟調類有關。

這類到周朝晚年就開始與歌部有互協的現象，這似乎指示韻尾 *-r 跟 *-g 已開始失落。至少有些方言是如此的，而佳部的元音 *-i 也開始分裂爲複合元音 *iă 或 *iĕ（參看脂部真部與微部文部到漢代混而不分的情形）。

（二十）耕部，這部是與佳部相配的陽聲韻，這部也沒有一等韻，舉例字如下：

二等開口：耕 *kring > kɛng, 幸 *gringx > ɣɛng,

爭 *tsring > tṣɛng, 迸 *pringh > pɛng,

生 *sring > ʂɐng（不合規則），丁 *tring > tɛng。

合口：嶸 *gwring > ɣwɛng。

三等開口：頸 *kjingx > kjäng，清 *tshjing > tshjäng，

性 *sjingh > sjäng，淨 *dzjingh > dzjäng，

貞 *trjing > ṭjäng，正 *tjingh > tśjäng，

成 *djing > źjäng，名 *mjing > mjäng。

鳴 *mjing > mjɐng（不合規則），

平 *bjing > bjɐng（不合規則）。

合口：頃 *khwjing > khjwäng，瓊 *gwjing > gjwäng，

榮 *gwjing > jwɐng（聲母，韻母皆不合規則）。

四等開口：經 *king > kieng，刑 *ging > ɣieng，

青 *tshing > tshieng，星 *sing > sieng，

丁 *ting > tieng，寧 *ning > nieng，

萍 *bing > bieng，冥 *ming > mieng，

定 *dingh > dieng，鼎 *tingx > tieng。

合口：扃 *kwing > kiweng，熒 *gwing > ɣiweng。

這部演變爲《切韻》的耕清青三韻，可是例外有幾個庚韻二等跟三等的字，原因不詳。

這部跟脂真佳三部一樣没有變輕唇的字。以上三韻也没有喻三等的字，可是例外有幾個庚韻字如榮是喻母三等，不合規則。

以上四部上古時代只有 *i 元音。因爲唇音聲母三等後如有 *i 元音，如 *pj-i- 就不變輕唇，圓唇的舌根音聲母三等後如有 *i，如 *gwj-i- 也不變爲喻三，所以以上各部都没有輕唇字跟喻母三等字（除去耕部少數例外）。

69

以下我們討論上古有 *u 元音的韻。只有兩部,侯跟東部。換言之 *u 元音後只有 *-ng 跟 *-k 韻尾,沒有收 *-n,*-t,*-m 或 *-p 的。

(二十一)侯部,這部有入聲跟陰聲兩類,先將入聲韻的例字列舉如下:

一等:谷 *kuk > kuk,屋 *˙uk > ˙uk,獨 *duk > duk,
禄 *luk > luk,族 *dzuk > dzuk,速 *suk > suk,
卜 *puk > puk,木 *muk > muk,僕 *buk > buk。

二等:角 *kruk > kåk,渥 *˙ruk > ˙åk,岳 *ngruk > ngåk,
朴 *phruk > phåk,剝 *pruk > påk,啄 *truk > ṭåk,
濁 *druk > ḍåk,捉 *tsruk > tṣåk,數 *sluk > ṣåk。

三等:曲 *khjuk > khjwork,欲 *grjuk > jiwok,
玉 *ngjuk > ngjwok,躅 *drjuk > ḍjwok,
綠 *ljuk > ljwok,足 *tsjuk > tsjwok,
續 *rjuk > zjwok,俗 *sgjuk > zjwok,
辱 *njuk > ńźjwok,束 *sthjuk(?) > śjwok,
贖 *djuk > dźjwok。

這類因爲有個圓唇的元音,所以無從分辨上古的舌根音是否圓唇,三等字沒有唇音聲母也是很特殊的。

跟它相配的陰聲韻例字,列舉如下:

一等:媾 *kugh > kə̆u,口 *khugx > khə̆u,
厚 *gugx > ɣə̆u,偶 *ngugx > ngə̆u.
走 *tsugx > tsə̆u,奏 *tsugh > tsə̆u,
藪 *sugx > sə̆u,斗 *tugx > tə̆u,豆 *dugh > də̆u,
婁 *lug > lə̆u,仆 *phugh > phə̆u,

戊＊mugh > mə̌u。

三等：驅＊khjug > khju，樞＊skhjug > tśhju，

俞＊rug > jiu，主＊tjugx > tśju，柱＊drjugx > ḍju，

取＊tshjugx > tshju，樹＊djugh > źju，

赴＊phjugh > phju，侮＊mjugh > mju，

附＊bjugh > bju，芻＊tshrjug > tṣhju，

數＊sljugx, h > ṣju，輸＊sthjug > śju，

孺＊njugh > ńźju，需＊snjug > sju。

這類到了《切韻》時代沒有二等韻，這也是很特殊的。高本漢舉了幾個字，但是因此得弄出幾個特別聲母及韻母的演變條件來，我們存疑。

這類三等唇音聲母字後來也一律變輕唇。

(二十二) 東部，這部是跟侯部相配的陽聲韻，例字如下：

一等：工＊kung > kung，孔＊khung > khung，

鴻＊gung > ɣung，東＊tung > tung，

動＊dungx > dung，弄＊lungh > lung，

送＊sungh > sung，總＊tsungx > tsung，

蓬＊bung > bung，蒙＊mung > mung。

二等：巷＊grungh > ɣång，講＊krungx > kång，

雙＊srung > ṣång，窗＊tshrung > tṣhång，

邦＊prung > pång，撞＊drung > ḍång，

龐＊brung > bång。

三等：恭＊kjung > kjwong，共＊gjungh > gjwong，

凶＊hjung > xjwong，雝＊˙jung > ˙jwong，

重 *drjung > ḍjwong, 用 *rungh > jiwong,

龏 *ljung > ljwong, 寵 *hljungx > ṭhjwong,

從 *dzjung > dzjwong, 訟 *sgjungh > zjwong,

衝 *thjung > tśhjwong, 誦 *rjungh > zjwong,

封 *pjung > pjwong, 奉 *bjungx > bjwong。

　　這部上古時代也分不出圓唇的舌根音聲母的字來。唇音聲母三等也都變輕唇。

　　以上兩部是上古時代有 *u 元音的,但這個元音是不是只限於這兩個韻部是個難解決的問題。但是我們不妨先看看東部字押韻情形。關於東部江有誥説"東每與陽通,冬每與蒸侵合,此東冬之界限也"(見《音學十書》卷首復王石臞先生書),我們把冬部(卽中部)擬爲 *-əngw,蒸部擬爲 *-əng,侵部擬爲 *-əm,這三部都有相同的主要元音,似乎可以解釋冬與侵蒸偶爾通協的現象。但是東部有 *u 元音而陽部有 *a 元音似乎難以解釋東陽通協的狀況。這個大概是個古代方言現象。《詩經》裏東陽互押的例子很少見,《老子》裏漸多起來,到了漢朝的韻文裏就更多起來,尤其《淮南子》、陸賈《新語》等書,因此有人以爲這是楚語的特點。我以爲上古的 *i、*u元音都有分裂爲複合元音的傾向,有些方言 *u 變成 *uǎ 後來變a(如閩南語的東韻字),這個演變在韻尾 *-n、*-t 等舌尖韻尾前可能早已發生,到了《詩經》時代 *-un 已經變成 *-uan,*-ut 已經變成 *-uat 了,所以拿《詩經》的韻爲根據的系統中,没有 *-un、*-ut 等韻部。可注意的是凡有舌尖韻尾的韻部的合口字都得擬個 *ua 複合元音(見上祭部,歌部,元部)這個複合元音可能是從 *u 分裂而來的。一般説起來,古代方言中這個演變只限於舌尖韻尾的韻部中,只有少數方言如楚方言在舌根韻尾前,尤其在鼻音韻尾前 *u,

也變 *ua。在 *-k 的前面似乎有限制，因爲屋 *-uk 與鐸 *-ak 押韻的例子很少見，但是在 *-g 的前面上古的 *-ag 跟 *-ug 到了漢代就完全不可分了。換言之 *-ug 也變得近乎 *-uag 了。這個現象雖在漢代很普遍，但是我覺得仍是個方言的現象，因爲到了《切韻》時代侯部的各韻仍然跟魚部各韻不同，不能認爲合併了。現在泰國語言跟漢語侯韻字有關聯的多讀-ua，如豆子 thua，頭 hua，漏 rua 等字似乎跟這個演變很相似。

跟這個元音 *-u 的演變並行的是上古 *i 元音的演變。這個高元音也分裂爲複合元音，在佳部陰聲韻中，大約因爲韻尾 *-g 的變弱或失落，分裂成類似 *-iə 的音而跟歌 *-a(r) 的字通協。《楚辭》、《老子》已有合用的例子，到了漢代更是常見。但是入聲韻似乎沒有併入鐸韻 *-ak（魚部的入聲），陽聲韻也沒併入陽部 *-ang。所以入聲及陽聲韻的 *i 元音只分裂爲 *iě仍然獨立成韻部，而收舌尖韻尾的脂部 *-id，*-it，真部 *-in 到了漢代已完全跟微部 *-əd，*-ət，文部 *-ən 相混。這個演變 *-i- > iě或 iə可能是一般的，不是方音上的現象。

上古兩個高元音 *i 跟 *u 的分裂爲複合元音，因爲在不同的狀況之下，有的發生很早，有的發生較晚，有的很普遍，有的只是局部的，各別方言的現象。這兩個高元音的分裂也可以拿中古英文的 ī, ū 的分裂爲近代的 -ai, -au，以及方言中的不同演變作參考。

總　　論

一般研究上古音的人都得拿古韻分部及諧聲字來作根據，但是一討論到古韻演變成《切韻》的系統，便不得不把他們所根據的古韻部用各種的方法曲解，而降低它們的押韻標準，例如元音長短鬆緊之分，甚至於不同的元音也可以歸入一部。這不但使我們承認些不一定必需的假定，並且使我們忽視我們的根據。這不但使上古音變成十分複雜，並且使輔音、元音在上古音系裏的分配也很特殊。我們因爲對於這些上古音系的擬測發生疑問，所以想比較嚴格的限制古韻部的元音系統，使每個古韻部只能有一個主要元音，並且嚴格限制諧聲字裏的輔音系統。這僅僅是一個嘗試，許多人的工作都對我有啓發性。他們的觀點、方法，我雖然不能完全採納，但是對我的看法很有幫助。這裏我不能一一詳細注出來，只能在參考書目列出他們的著作，以表示我對他們的謝意。上古音系裏仍有許多我沒有或者不能解釋的地方，這需要進一步的研究，這種研究也許可以更改我的想法的錯誤地方。

從上古音演變到中古音的階段，仍要仔細的研究。上面我只列出大致從上古音到《切韻》音系的變化，其詳細的階段更當借重兩漢魏晉的音系研究。大體說起來兩漢音系接近上古音，而南北朝音系接近《切韻》音。三國魏晉正是變更的關鍵時期（參看羅常培，1958），很值得注意。

上面舉例字的時候，我們分等呼。這完全是根據《切韻》音系及等韻的辦法。我們可以看出上古根本沒有開合口的分別。合口大多數由脣聲母及圓脣舌根聲母演化出來的，也有在特殊情形之下發生的（如微部文部等）。《切韻》系統的三四等（指韻母而言，重紐三四等仍算三等）也不盡跟我們所擬上古系統相合。因此在討論各部的例字所用的等呼，只是爲讀者方便而已。

脣音字的開合問題在《切韻》時代很混亂，因此有人說脣音字裏不分開合。這句話大體是對的。但是不分開合有幾種不同之點，(1)有些韻根本只有開口或合口，它的唇音字雖然也不用分開合，但是在東、冬、鍾、模、虞等合口韻裏都可以算是合口，在豪、肴、宵、蕭、談、覃、咸、銜、鹽、添等開合韻裏都可以算是開口。這幾韻裏別的聲母的字也不分開合。(2)有些韻雖然有開口合口之分，或者一韻中有開合，或者兩韻開合相配，可是唇音字只入合口韻，如魂(開口痕)、文(開口欣)、物(開口迄)、元、月、凡(開口嚴)、廢等。(3)有些韻雖有開合之分，但是唇音字究竟入開口還是合口各人的辦法不一致。其中如陽韻的唇音字反切下字多用開口字，《韻鏡》入開口，李榮同，一般人多入合口。戈韻的唇音字，《切韻》入歌韻(戈歌不分兩韻)反切下字多用開口字，李榮入開口，可是《廣韻》已把反切下字改爲合口字，一般韻書(如《韻鏡》)多入合口戈韻。桓韻唇音字，《切韻》反切下字有開口字也有合口字，李榮入開口(《切韻》寒桓不分韻)，一般韻書如《韻鏡》入合口。還有灰韻唇音字多入合口，只有極少數的字歸開口而與合口字分立(這些例外字暫存疑)。凡此都可以算猶疑在開合之間的字，它們歸入合口似乎是較晚的現象。(4)有些韻雖然也有開合之分，但是唇音字不分開合。雖然反切下字有的時候用開口字，有時候用合口字，一般人都歸入開口，例如一等的登韻、唐韻，二等的皆、佳、夬、山、刪、庚、耕等，四等韻的齊、先、青，三等的支、脂、祭、仙、清、蒸等。高本漢因爲反切下字的關係，有些擬爲開口有些擬爲合口，這是不必的。上面引用這類字的時候雖然仍依高本漢的寫法，但現在我們要重新整理一下。

　　我們在上古音系裏既然不分開合，所有唇音聲母字的合口現象，當是完全由於唇聲母的影響跟後面元音相配合而發生的。我們可以想像唇音聲母在某種元音之前或某種情形之下發生圓唇的

傾向變成 $^*p^w$-, $^*ph^w$-等。例如在《切韻》稍前的時代已有的 u 或 o 元音前的唇音聲母都因爲受元音的影響可以算圓唇的如 pung = p^wung（東），puong = p^wong（冬），puo = p^wo（模）等，在 ə 元音前也有圓唇的傾向，如 puən = p^wən（魂），muət = m^wət（没），但如果 ə 元音後面有-ng,-k 就不圓唇，如 pəng（登），pək（德）。在 â, ậ 元音前也有圓唇的傾向（也許較晚），如 puân = p^wân（桓），puât = p^wât（末），puâ = p^wâ（戈），puậi = p^wậi（灰），但是如果 â 元音後有-ng,-k,-u 就不圓唇，如 pâng（唐），pâk（鐸），pâu（豪）等。在 i 元音前不發生圓唇傾向如青、齊、先等韻的字。在三等 j-的前面，不論後面有什麽元音（除去 i）都有圓唇的傾向，如 pjung = p^wjung（東），pjwong = p^wjong（鍾），pju = p^wju（虞），pjuən = p^wjuən（文），pjuət = p^wjuət（物），pjwɐn = p^wjɐn（元），pjwɐt = p^wjɐt（月），pjwang = p^wjang（陽），pjwak = p^wjak（藥），pjwĕi = p^wjĕi（微），pjə̆u = p^wjə̆u（尤），pjuk = p^wjuk（屋），pjwok > p^wjok（燭）等，如果後面有 i 就不發生圓唇的傾向，雖然後來這個 i 元音多數跟 j 合併了，如 pjiə̆u（幽），pjəng（< *pjiəng）（蒸），pjək（< *pjiək）（職），pjän（< *pjiän）（仙），pjäi（< *pjiäi）（祭），pjät（< *pjiät）（薛），pjɐng（< *pjiang）（庚），pjäng（< *pjiäng）（清），pjĕt（< *pjiĕt）（質）等。只有 pjäu（宵重紐三等）因爲後面-u 的異化作用，仍不發生圓唇。如果上古聲母後有 *-r-（二等字），雖然這個 *r-介音到了《切韻》時代已經失去，但是唇音聲母不發生圓唇傾向，因此我們可以把唇聲母的圓唇成分的發生略列如下：

1. *p→p/＿＿ rVX，＿＿ Vng, k, u，＿＿（j）iVX。

    V 代表任何元音，

    X 代表任何韻尾-m, n, ng, p, t, k, i, 或 u。

*p→p^w ___/___ Vn, t, ___ jVX(除去賓韻)。

接著這個演變便是中古時期輕唇化的階段:

   2. p^w→pf→f/___ jVX,然後有

   3. -jiVX→-jV(除去幽韻)。

因為 3. 的演變在《切韻》時代已經發生,所以輕唇化的根基必然在《切韻》前或在《切韻》時代已然有了,這個音當然不是現在的 f 音,不過大致可以擬它為 p^{w}j-以跟 pj-分立,因為 p^w 跟 p 在《切韻》時代大部分仍然是分配上的分別不必另立一套聲母。p^{w}j- 跟 pj- 在反切上也時有混亂的現象。高本漢以為輕唇音是由有圓唇成分的唇音變來的,這是相當的適宜的解釋,不過他以為中古有兩種圓唇成分,一種是古的,一種是後起的,似乎沒有必要。要注意的是尤韻唇音字原當是 *p^{w}ju > p^{w}jəu,所以 u > əu 的變化發生在後。我以為《切韻》時代已有跟輕唇相當的一套聲母,如 pwj-等應該跟重唇 pj-等分開。分別只在三等韻中出現,在別的情形之下,似乎不必區別。

至於上古音如何一步一步的演變成後來的《切韻》系統,將另外研究,現在只能從略。

參考著作選目

1 趙元任、羅常培、李方桂:《中國音韻學研究》(1940);譯自 B. Karlgren: *Études sur la phonologie chinoise*, (1915 – 26)。

2 江有誥:《音學十書》。

3 周法高:《廣韻重紐的研究》,《六同別錄》(1—62)(1945)。又見《集刊》(《中央研究院歷史語言研究所集刊》簡稱《集刊》,下同)13.49—117(1948)。

4 周法高:《論上古音》,《香港中文大學中國文化研究所學報》2.1.109—178(1969)。

5 周祖謨:《切韻的性質和它的音系基礎》,《問學集》上册434—473(1966)。英譯 G. Malmqvist, "Chou Tsu-mo on the Ch'iehyün", *BMFEA* (*Bulletin of the Museum of Far Eastern Antiquities*, Stockholm 之簡稱,下同)40.33—78(1968)。

6 周祖謨:《古音有無上去二聲辨》,《問學集》上册32—80(1966)。

7 夏 炘:《詩古音表二十二部集説》。

8 黄 侃:《諭學雜著》(1964)。

9 李方桂:《切韻â的來源》,《集刊》3.1.1—38(1931)。

10 李 榮:《切韻音系》(1952)。

11 羅常培:《知徹澄娘音值考》,《集刊》3.1.121—157(1931)。又收入《羅常培語言學論文選集》22—53(1963)。

12 羅常培:《敦煌寫本守温韻學殘卷跋》,《集刊》3.2.251—261(1931)。又收入《羅常培語言學論文選集》200—208(1963)。

13 羅常培、周祖謨:《漢魏晉南北朝韻部演變研究》,第一分册(1958)。

14 陸志韋:《古音説略》(1947)。

15 陸志韋:《詩韻譜》(1948)。

16 永島榮一郎:《"灘"考》,《人文學報》36.113—121(1963)。

17 賴惟勤:《上古漢語の喉音韻尾について》。*Ochanomizu jashidaigaku jinbun kagaku kiyō*. 3.5—64(1953)。

18 《十韻彙編》(1936)。
19 段玉裁:《説文解字注》,附《六書音韻表》。
20 董同龢:《上古音韻表稿》(1944)。又重印本(1967)。本文所引爲1944本,與重印本頁數不同。
21 董同龢:《廣韻重紐試釋》,《六同别録》(1—20)(1945)。又《集刊》13.1—20(1948)。
22 藤堂明保:《中國語音韻論》(1957)。
23 王仁昫:《刊謬補缺切韻》,《故宫博物院影印唐寫本》(1947)。
24 王　力:《南北朝詩人用韻考》,《漢語史論文集》1—59(1958)。
25 王　力:《上古韻母系統研究》,《漢語史論文集》77—156(1958)。
26 王　力:《漢語史稿》,上册(1958)。
27 P. K. Benedict, "Studies in Indo-Chinese Phonology". *Harvard Journal of Asiatic Studies*(下簡稱 *HJAS*).5.101—127(1940).
28 P. K. Benedict, "Semantic Differentiation in Indo-Chinese". *HJAS* 4.213—229(1939).
29 N. C. Bodman, *A Linguistic Study of Shih-ming* (1954).
30 A. Conrady, *Eine indochinesische Causativ-Denominativ-Bildung und ihr Zusammanhang mit dem Tonaccenten* (1896).
31 R. A. D. Forrest, *The Chinese Language* 2nd ed. (1960).
32 R. A. D. Forrest, "Les occlusives finales en chinois archaïque". *Bull.* de la Soc. Ling. de Paris. 55.228—239(1960).
33 R. A. D. Forrest, "Researches in Archaic Chinese". *Zeit.* d. Morgen. Ges. 111.118—138(1961).
34 R. A. D. Forrest, "On Certain Tibetan Initial Consonant Groups".

Wennti 4.41—56(1952).

35 R. A. D. Forrest, "A Reconsideration of the Initials of Karlgren's Archaic Chinese". *TP* 51.229—246 (1964), *TP* 53.244—252 (1967).

36 A. G. Haudricourt, "De l'origine des tons en vietnamien". *JA* 242. 69—82(1954).

37 A. G. Haudricourt, "Comment reconstruire le chinois archaïque". *Word* 10.351—364(1954).

38 B. Karlgren, *Analytic Dictionary of Chinese and Sino-Japanese* (1923).

39 B. Karlgren, "Problems in Archaic Chinese". *JRAS* 769—813 (1928).

40 B. Karlgren, "Compendium of Phonetics in Ancient and Archaic Chinese". *BMFEA* 26.211—367(1953).

41 B. Karlgren, "Grammata Serica Recensa". *BMFEA* 1—332(1957).

42 B. Karlgren, "Tones in Archaic Chinese". *BMFEA* 32.113—142 (1960).

43 B. Karlgren, "Final-d and -r in Archaic Chinese". *BMFEA* 34. 121—127(1962).

44 F. K. Li, "Some Old Chinese Loan Words in the Tai Languages". *HJAS* 8.333—342(1945).

45 G. Malmqvist, "On Archaic Chinese ər and əd". *BMFEA* 34.107—120(1962).

46 H. Maspero, "Etudes sur la phonetique historque de la langue annamite". *BEFEO* 12.1—126(1912).

47 H. Maspero, "Le dialecte de Tch'ang-ngan sous les T'ang". *BEFEO* 20. 1—122 (1920).

48 P. Nagel, " Beiträge zur Rekonstruktion de Ts'ie-Yün-Sprache auf Grund von Tsch'en Li's Ts'ie-Yün-K'au". *TP* 36. 95—158 (1943).

49 E. G. Pulleyblank, "The Consonantal System of Old Chinese". Part 1. *Asia Major* 9. 59—144 (1962). Part 2. id. 9. 206—265 (1963).

50 E. G. Pulleyblank, " An Interpretation of the Vowel System of Old Chinese and of Written Burmese". *Asia Major* 10. 200—221 (1963).

51 R. Shafer, *Bibliography of Sino-Tibetan Languages* I (1957), II (1963).

52 L. M. Serruys, " Notes on the Study of Shih-ming". *Asia Major* 6. 137—199 (1958).

53 L. M. Serruys, *The Chinese Dialects of Han Time according to Fang-yen* (1959).

54 W. Simon, "The Reconstruction of Archaic Chinese". *BSOAS* 9. 267—288 (1938).

55 W. Simon, " Tibetische Chinesische Wortgleichungen. Ein Versuch". *Mitt. Sem. Or. Spr.* 32. 157—288 (1930).

56 W. Simon, " Zur Rekonstruktion der altchinesischen Endkonsonanten". *Mitt. Sem. Or. Spr.* 30. 147—167 (1927), 31. 157—204 (1928).

57 K. Sedláček, " Existierte ein Lautgesetz in Zusammengesetzten Anlauten des Proto-Sino-Tibetischen?" *Central Asiatic Journal* 7. 270—311 (1962).

58 K. Sedláček, " The Law of Phonetic Change in Initial Clusters in Common Sino-Tibetan". *Monumenta Serica* 26. 1—34 (1967).

59 S. E. Yakhontov, "Fonetika Kitaiskogo yazyka i tysyacheletiya do n. e. (sistema finalei)". *Problemy Vostokovedeniya* 2. 137—147 (1959).

60 S. E. Yakhontov, "Fonetika Kitaiskago yazyka i tysyacheletiya do n. e. (labializovannyye glasnyye)". *Problemy Vostokovedeniya* 6. 102—115(1960).

61 S. E. Yakhontov, *Consonant Combinations in Archaic Chinese. International Congress of Orientalists*(1960).

62 S. E. Yakhontov, *Drevnye-Kitaiskii Yazyk*(1965).

幾個上古聲母問題

在《上古音研究》裏（本書頁 24），我認爲上古聲母尤其是複聲母是個很複雜的問題，有許多諧聲字還没有解釋的辦法。對於上古聲母所擬的音也許有修正的必要。因此我想從另外的一個觀點去看我們所擬測的幾個上古聲母。

大凡我們擬定一個或一套音，總希望他不僅出現在一種特殊情形之下。比方説高本漢所擬定的上古舌面前音，$^*\hat{t}$-, $^*\hat{t}h$-, $^*\hat{d}h$- 等，只出現在三等韻介音 j 的前面，後來演變成舌面的塞擦音 tś-, tśh-, dź-, 即《切韻》的照三、穿三、牀三等母。因爲一個或一套音只出現在某種特殊情形之下，往往是受那種特殊情形的影響變來的，所以我們認爲高氏所擬的那一套舌面前音原是舌尖前音的 *t-, *th-, *d- 等受介音 j 的顎化作用變來的，這在語音演變的理論上也是合乎音理的。這不過是《切韻》時代的照三、穿三、牀三等的來源的一部分。另外有來源的就是董同龢所指出的照三、穿三、牀三等跟舌根音諧聲的字(《上古音韻表稿》1944，第 5—7 頁)。我們現在就利用董氏所搜集的材料，重新作一次檢討。

如果我們看看我們所擬定的上古聲母中有没有類似很孤立的聲母，就可以發現有 *grj-(*gwrj-)是專爲《切韻》時代的喻四等跟舌根音諧聲的字而設的。這類的字雖然不太多，但是我們不得不重新把這類的聲母從整個兒的系統上考察一下。從下列的表可以看出我們的缺點來：

舌　尖　音：	a.	t-	th-	d-	n-
	b.	tr-	thr-	dr-	nr-
	c.	trj	thrj	drj	nrj-
齒　　　音：	a.	ts-	tsh-	dz-	s-
	b.	tsr-	tshr-	dzr-	sr-
	c.	tsrj-	tshrj-	dzrj-	srj-
舌　根　音：	a.	k-	kh-	g-	ng-	h-
	b.	kr-	khr-	gr-	ngr-	hr-
	c.	—	—	grj-	—	—
圓唇舌根音：	a.	kw-	khw-	gw-	ngw-	hw-
	b.	kwr-	khwr-	gwr-	ngwr-	hwr-
	c.	—	—	gwrj-	—	—
唇　　　音：	a.	p-	ph-	b-	m-
	b.	pr-	phr-	br-	mr-
	c.	—	—	brj-(？)	—

我們暫時先把圓唇舌根音跟唇音兩項除外，就可以看出舌尖音、齒音兩項各有 a、b、c 三類，而舌根音除去 *grj- 外只有 a、b 兩類。如果上古音中有 *grj-，那麼似乎也應當有 *krj-，*khrj- 等音。

《廣韻》術韻有一些喻四等的字是跟舌根音諧聲的，例如鷸（鳥名），驈（黑馬白髀），蟪（蟪螮也），鴪（鳥鳴），潏（水流貌），鱊（小魚名）皆讀 jiuĕt，但是他們又都讀牀₃等 dźjuĕt。它們的注釋除去潏（《爾雅》曰小沚曰坻，人所爲爲潏），鴪（《爾雅》曰危）之外都是相同的。因此可以認爲這種兩讀的字，應當代表方言的現象。換言之如果我們保持所擬的 *gwrj-（這些字都是從上古圓唇舌根音變來的，參看橘，*kwjit > kjuĕt），我們可以說上古的 *gwrjit 在方言上有兩種變化，一種變爲 jiuĕt，一種變爲 dźjuĕt。

細察這類喻四等與牀三等及禪母字,很少有衝突的地方(除去前面所提到的又讀字),換言之一韻中有喻四等的很少有禪牀₌母的字。不過這只是指跟舌根音諧聲的喻四等字而言,跟舌尖音諧聲的喻四等字不在内。如果我們認爲上古的 *grj-(*gwrj-),不論是方音上或者別的原故一方面變成喻四 ji-,一方面變成禪 ź-或牀₌ dź-,似乎無大妨礙。上古之、幽、宵、侯、東、魚、陽、耕、元、微、談等韻部裏的字,似乎都變成喻四,而蒸、佳(僅開口字、合口字仍是喻四)、脂、眞(僅開口字、合口字仍是喻四)這四韻部變成禪,少數變牀₌。在音理上爲什麼這四部裏的字如此演變,我們還不能十分圓滿的解釋。依我們的擬測其中佳、脂、眞三部字是有上古 *i 元音的,也許元音的性質可能有影響,但是蒸部是有 *ə 元音的。

至於《切韻》的牀₌與禪母的關係,我們也曾經認爲是方音的現象。一韻中往往有禪母字而無牀母字,或有牀母字而無禪母字。很少數的韻兩類聲母都有。總計《切韻》《廣韻》所收的字禪母字要比牀母字多的多。這也表示《切韻》主要代表一個有禪母的方言,少數的牀₌母字大約是從別的方言滲入的。這也許可以解釋原來守溫字母爲什麼没有牀₌,也可以解釋爲什麼唐代已經有人説《切韻》是吳音,因爲吳音是禪牀不分的。

如果認爲跟舌根音諧聲的喻四、禪以及牀₌都是從 *grj-變來的,我們就得重新考慮跟舌根音諧聲的照₌、穿₌、及審₌等母的字。我曾經認爲這些字是從有 s 詞頭的舌根音變來的,例如 *skj->tśj-,*skhj->tśhj-或 *ś-等。現在我想不如把他們認爲是 *krj-,*khrj-,*hrj-等母變來的。這在演變的規律上也似乎合理,例如:

*krj->tś-。

*khrj>tśh-。

*grj- > dź-, ź-, 或 ji-。

*hrj- > ś-。

總起來說有三個理由使我改變我從前的擬音。

第一：就一般語音的分配情形看起來，不應當只有濁音的 *grj- 而沒有清音的 *krj-, *khrj- 等。漢語更是往往清濁音相配的。我們如果只有 *grj- 而沒有 *krj-, Khrj- 等似乎是一個不可解釋的現象。

第二：在語音演變的原理上也比較容易解釋。我們認為 r 介音有央化作用（centralization），可以把舌面後音（即舌根音）向前移動，更受 j 介音的影響，就變舌面前音 tś-, tśh-, dź- 等音了。這是央化作用的一個例子，跟把舌尖前音 t-, th-, d- 等向後移動成為舌尖後音 ṭ-, ṭh-, ḍ- 一樣。

第三：我們曾經擬了一個 s 詞頭來解釋《切韻》的心母字跟各種聲母諧聲的字。同時也把些照₃穿₃牀₃審₃等的字牽連在內。現在我覺得實在這些字跟 s 詞頭無關。從 s 詞頭來的字只有《切韻》的齒音字，s-, tsh-（少數），dz-（少數），z- 等母的字。現在我們可以舉些例子來說明有 s 詞頭的字。

*st- > s-

掃 *stəgwx > sâu

犀 *stid > siei

屜 *stiap > siep

筱 *stiəgwx > sieu

賜 *stjigh > sjĕ

虒 *stjig > sjĕ

修 *stjəgw > sjə̆u

緰 *stjug > sju

髓 *stjuarx > sjwě

邃 *stjədh > sjwi

泄 *stjat > sjät

綏 *stjəd > sjwi

雖 *stjəd > sjwi

*sth- > tsh-

催 *sthəd > tshuâi

邨 *sthən > tshuən

戚 *sthiəkw > tshiek

帨 *sthjuadh > tshjwäi

揣 *sthrjuar > *tshrjuar > tṣhjwě

*sd > dz-

寂 *sdiəkw > dziek

潀 *sdəngw > dzuong

摧 *sdəd > dzuâi

*sdj- > zj-

詞 *sdjəg > zjï

袖 *sdjəguh > zjə̌u

續 *sdjuk > zjwok

誦 *sdjungh > zjwong

隨 *sdjuar > zjwě

徐 *sdjog > zjwo

遂 *sdjədh > zjwi

循 *sdjən > zjuěn

87

*sk- > s-, *skw- > sw-(su-)

 钑 *skəp   > sâp

 楔 *skiat   > siet

 狝 *skjəg   > sï

 秀 *skjəgwh > sjə̆u

 蜙 *skjung   > sjwong

 所 *skrjagx   > *srjagx > ṣjwo

 损 *skwənx   > suən

 岁 *skwjadh > sjwäi

 宣 *skwjan   > sjwän

 恤 *skwjit   > sjuĕt

 恂 *skwjin   > sjuĕn

*skh- > tsh-(?)

 造 *skhəgwh > tshâu

*sg- > dz, *sgj- > zj-

 造 *sgəgwh > dzâu

 鲝 *sgəm   > dzậm

 邪 *sgjiag   > zja(?)

 俗 *sgjuk   > zjwok

 松 *sgjung   > zjwong

sgwj- > zjw-

 彗 *sgwjadh > zjwäi

 穗 *sgwjidh > zjwi

 旬 *sgwjin   > zjuĕn

至於 s 詞頭在鼻音聲母前的那類字也都變成《切韻》時代的 s-，已見《上古音研究》（本書頁 25），不必再舉例了。s 詞頭跟脣音聲母相配的例子很少，瑟 ṣjĕt 是否從上古 *sprjit 來的，不能肯定，也許 *sprjit 先變成 *srjit，再成《切韻》的 ṣjĕt。鼻字原與自字通，是否自字是 *sbjidh > dzji？皐字是否是 *sbədx > dẓuậi？這都是很有趣味的問題，一時不易解決。

　　總之，s 詞頭對於各類聲母的影響大多數都是變成《切韻》時代的齒音 s-, z-，少數 tsh-, dz-。可以説與《切韻》時代的照三、穿三、牀三、審三、禪母等無涉。因此我們不應當認爲照三等母是有 s 詞頭的。

　　有了上面的三種理由，我們暫把跟舌根音諧聲的照三、穿三、牀三、審三、禪、日等母的字認爲是從上古的 *krj-, *khrj-, *grj-, *hrj-, *ngrj- 來的。下面再舉些例子來説明它。

*krj- > tśj-

　　枝 *krjig　　> tśjĕ

　　只 *krjig, -x > tśjĕ

　　蒸 *krjəng　 > tśjəng

　　箴 *krjəm　　> tśjəm

　　扺 *krjigx　 > tśjĕ

　　旨 *krjidx　 > tśji

*khrj- > tśhj-

　　饎 *khrjəgh　> tśhjï

　　樞 *khrjug　 > tśhju

　　杵 *khrjag　 > tśhjwo

　　處 *khrjagh　> tśhjwo

89

赤 *khrjak > tśhjäk

車 *khrjiag > tśhja

臭 *khrjəgwh > tśhjə̌u

*grj- > ź-, dź(少), ji-

丞 *grjəng > źjəng

跂 *grjigh > źjě

氏 *grjigx > źjě

視 *grjidx, -h > źji

示 *grjidh > dźji

腎 *grjinx > źjěn

頤 *grjəg > jiï

誘 *grjəgwx > jiə̌u

搖 *grjagw > jiäu

藥 *grjakw > jiak

裕 *grjugh > jiu

欲 *grjuk > jiwok

邪 *grjiag > jia

鹽 *grjam > jiäm

*ngrj- > ńźj-

饒 *ngrjagw > ńźjäu

肉 *ngrjəkw > ńźjuk

兒 *ngrjig > ńźjě

hrj- > śj-

收 *hrjəgw > śjə̌u

守 *hrjəgwx > śjə̆u

燒 *hrjagw（< *hngrjagw?）> śjäu

赦 *hrjigh > śja

聲 *hrjing > śjäng

菅 *hrjid   > śji

歙 *hrjiep > śjäp

濕 *hrjəp   > śjəp

如果這樣辦，我們可以有一整套的 *krj-、*khrj-、*grj-、*ngrj-、*hrj-來跟 *trj-、*thrj-、*drj-、*nrj-、*tsrj-、*tshrj-、*dzrj-、*srj-等相當。現在我們再回頭看看上古圓唇舌根音及唇音聲母的字是否也可以有完整的一套。

我們先看圓唇舌根音那一套，我們只發現有 *gwrj-一類，舉例如下：

昱 *gwrjək > jiuk

役 *gwrjik > jiwäk

營 *gwrjing > jiwäng

捐 *gwrjan > jiwän

勻 *gwrjən > jiuěn

除去這類字以外，別無 *kwrj-、*khwrj-等的痕跡可尋。再看唇音聲母的字除去聿 *brjət > jiuĕt 這類字外，也沒有 *prj-、*phrj-等的痕跡。顯然圓唇成分在很早期就把-rj-的-r-成分排斥掉而變 *kwj-、*pj-等。我們知道-r-介音在漢語裏是個很不穩定的語音，除去對聲母或元音偶有影響，仍有痕跡可尋，到了《切韻》時代都已消失了。

以上的假設與推論，似乎可以解釋更多的諧聲現象，可以使上古音有個更完整的系統。在語言演變的理論也沒有不合理的地方。因此我願意提出這個修正的意見來向讀者請教。

中國上古音聲母問題

（一九七〇年八月二十五日在香港中文大學演講詞）

　　我今天要講的是中國語言研究之中的一個問題。研究中國語言有很多的方法以及很多的部門去進行研究。比方説：我們可以研究中國境内的方言。中國境内的方言很多，專門作這一項研究，恐怕一輩子、兩輩子也做不完。也可以研究中國語音上的問題，中國文法上的問題，或者是詞彙上的問題等。

　　今天我要講的是關於中國語言的歷史方面的問題。我們知道上古音是指周秦時代的古音，是研究中國語言歷史的一部分。要想知道中國語音的歷史，想得到一個大概的觀念，就不得不知道中國上古的語音是怎麼一種情形。我這一次想同諸位討論的只是上古音的一小部份，因爲時間的限制，不能完全跟諸位討論。上古音研究的重要我們可以從明朝著名的學者陳第的話看出來，他説：

　　　　蓋時有古今，地有南北，字有更革，音有轉移，亦勢所必至。
　　故以今之音讀古之作，不免乖剌而不入。
他認爲我們拿現代的語音去念周秦時代的文章，便不免乖剌而不入。這個批評是很對的，因爲拿現代的話去念古代的東西當然是不對的。今天我們仍然在用二十世紀的國語去念兩千多年前所寫的文章，這是個極不合理的辦法。或者不用國語而用廣東話來讀，可是廣東話也是二十世紀的廣東話，而不是三千年以前的廣東話；這都是不合理的辦法。可是到現在我們還没辦法脱離這個老步驟,原因是我們對上古音還不十分懂得,一直到現在還沒有一個合理而滿意的系統去表示上古的音韻,所以還得用這個不合理的辦法去讀中國古書。此外另一個原因,是因爲一般讀中國古書的人,尤其是愛好中國文學和歷史的人,對古音的問題不大重視,或者不談這個問題,所以這門學問到現在還在比較初期的發展中。

上古音的研究,在清朝可以說是最發達的時代,雖然前些時期也有很多人做過研究,但清朝出了很多大學者如:顧炎武、江永、孔廣森、朱駿聲、江有誥,一直到後來的章太炎先生、黃季剛先生,對上古音的研究,都有很大的貢獻。我們現在研究上古音只能利用他們得到的材料,另外用一個新的方法去研究它。因爲以前研究上古音,往往用了很多很重要但也很籠統的名詞去解釋上古音,比方說古韻分部罷:有的分十部、有的十三部、有的分十七部、分十九部、分二十一部、分二十二部,後來又分二十八部,這個分類便是個很籠統的。此外還有甚麼"協韻"、"對轉"、"旁轉"種種名詞,用起來相當難了解。我們現在可以利用前人的研究材料,用一套新的語音符號把它標出來,看看究竟上古音應該是甚麼,這是我們當前要作的一個相當重要的工作。

研究上古音的聲母問題,用英文說就是 initial consonants。諸位要是懂得注音符號,它就是ㄅㄆㄇㄈ這一套東西。研究上古音聲母的材料,只有從諧聲字這方面去追求。當然諧聲這個問題也是一個相當嚴重的問題,不過我們暫時撇開其中困難的問題,先就我們比較可以利用的諧聲字來講。除掉諧聲字的材料之外,我們還得利用後來我們比較明瞭的《切韵》時代的聲母系統。諸位都知道,《切韵》時代的聲母系統有所謂卅六字母,諸如幫、滂、並、明、端、透、定、泥這一套。因爲上古音聲母跟《切韵》的聲母系統,一個在先,一個在後,我們要看看怎樣能夠假定上古的聲母可以演變成後來的《切韻》聲母。這種演變情形跟《切韻》聲母怎樣演變成現代方言的各種聲母相似。我現在雖然不能夠把整個的上古音的聲母系統詳細討論,至少我可以給諸位寫一個大致的結論,然後我再選幾個我們要討論的問題。

上古音有下列的幾套聲母。其中有一套唇音聲母,就是英文叫 labial consonants 的:

p, ph, b, m

其次是有一套舌尖塞音聲母(dental stops)計有:

t, th, d, n, 和 l(邊音)

上古的 p, ph, b, m,在一定的語言情形之下,就變成後來到《切韻》時代的上古幫、滂、並、明,跟非、敷、奉、微。舌尖這一套聲母,t, th, d, n,在《切韻》時代的三等韻裏(三等韻我們知道是有介音 j 的)的介音 j 前頭就變成後來的 tś, tśh, dź, ńź,這就是照₃、穿₃、牀₃、日,這四個聲母。由於另外一個介音 r 的關係,上古的舌尖塞音,變成後來捲舌的 ṭ, ṭh, ḍ, ṇ,這就是《切韻》時代的知、徹、澄、娘。

此外還有一套舌尖擦音,英文叫 dental sibilants,那就是:

ts, tsh, dz, s

這套東西也因爲後來介音的不同,而有不同的演變。例如加上介音 r,就變成《切韻》時代捲舌的聲母:tṣ, tṣh, dẓ, ṣ,在《切韻》時代我們管它叫做照₂、穿₂、牀₂、審₂。

此外還有一套舌根音(velar consonants):

k, kh, g, ng, h

k, kh 在《切韻》時代大多數還保存着,g 在《切韻》時代有時候變羣母 g,有時候變匣母 γ,這就是羣、匣兩母分裂的地方。h 就是後來的曉母字,高本漢把它寫成 x。

我在舌根音裏頭另外擬了一套圓唇的舌根音,英文叫做 labialized velar consonants。

$k^w, kh^w, g^w, ng^w, h^w$

爲了印刷方便起見,我們也可以把 w 寫在后面,成爲:

kw, khw, gw, ngw, hw

這一套在《切韵》時代跟普通舌根音合併了,多數變成《切韵》時代的合口字。不過《切韵》时代的合口字不見得全是從這一套變來的,它們另外還有來源。我之所以要擬出這一套圓唇舌根音聲母,是因爲在《切韵》時代的舌根音跟圓唇成分的關係非常密切。《切韵》時代的合口字大部分是在舌根音底下出現的,或者是在唇音後頭出現的。在唇音底下出現的,我們可以想這種圓唇是可能受唇音 p, ph, b, m 的影響而發生出來的。這是後起的合口;在舌根音後頭的圓唇,我們没法子說它是後起的,一定是從前就有的。因爲它跟舌根音關係的密切,所以另外擬了圓唇舌根聲母。這不但在聲母如此,在韵尾上也可分出兩套,一套是 k, kh, g, ng, 另一套是 k^w, kh^w, g^w, ng^w; 因此我在講上古音的時候,取消了《切韵》時代開口、合口的分別。

此外還有一個喉塞音(glottal stop)ˀ和一個圓唇喉音(labialized glottal stop)ˀw。這樣,我們大致可以把上古音聲母的情形簡單列出來:

  唇音   p, ph, b, m

  舌尖塞音 t, th, d, n, l(邊音)

  舌尖擦音 ts, tsh, dz, s

  舌根音   k, kh, g, ng, h

圓唇舌根音　　kw, khw, gw, ngw, hw

喉音

圓唇喉音　　　·w

我現在要講的就是比較有問題的東西。剛才已經說過，研究上古音的聲母一定要根據中國諧聲字的系統來看，中國的諧聲字有很多很複雜的東西，有些現象現在也沒有辦法可以解釋；但是我們不妨利用這批材料，用比較嚴格的方法去解釋。比方我們發現有 p, ph, b 聲母的字時常諧聲，我們可以算為一類，但它們大多數不跟鼻音 m 諧聲。同樣, t, th, d 這類聲母字的偏旁，也是常常諧聲，而不跟鼻音聲母 n 的字諧聲。舌尖擦音的 ts, tsh, dz, s 聲母的字時常可以諧聲，但是不大跟舌尖塞音聲母的字互諧。舌根音的 k, kh, g 聲母的字常常互諧，但不大跟鼻音 ng 諧聲。奇怪的是 h (x) 這個聲母倒往往跟 k, kh, g 等母的字諧聲。kw, khw, gw 這一類也不大跟 ngw 母的字諧聲。kw, khw, gw 不大跟 k, kh, g 一類字諧聲，這是很特殊的，就是合口字不大跟開口字諧聲。

如果我們相信我剛才講的情形大致是如此的，那麼我們就發現很多不合乎我們剛才所講的情形。如果有些不合乎我們情形的，我們就要細細再去看一看這種不合乎我們一般諧聲原則的諧聲字，有沒有一種新的看法，新的假設，可以解釋這一類不合乎諧聲原則的東西。

很早以前，差不多近三十年了，董同龢先生在他的《上古音韻表稿》裏就發現了有 m-聲母的字，往往在《切韵》的時候，是跟有 xw-這類字諧聲的現象，這個依我們的原則看來，是很不合理的，我們必須有一個解釋的方法，董先生在這個問題上的意見是很值得採用的，舉幾個例子：

每 m- ： 悔 xw-

勿 m- ： 忽 xw-

民 m- ： 昏 xw-

爲了這個緣故，董先生以爲古代一定有一個清音的鼻音，就是不帶音的鼻音 m-，普通語言符號寫成 m̥-，我們簡單化寫成 hm-。我覺得這是一個很值得採納的學說。我們至少可以知道不帶音的 hm- 在《切韵》時代變成了 xw-。少數例外是圓唇失落，這還不知道是甚麼原因，如海 x-，黑 x- 便是。這種例子比較少，大半還是變成圓唇的 xw-。不帶音的鼻音 m̥- 在雲南貴州等非漢語中也時常發現，比方貴州的一部分"水家人"，他們管"狗"叫做 m̥a，不是 ma。在中國古代也可能有這類音，到後來才失去了。

如果我們相信古代有 hm- 這個不帶音的鼻音，我們是否可能還有別的不帶音的鼻音？有的話，那它們的諧聲又是否有甚麼特殊的現象？我現在要舉幾個例子來證明上古音裏還有一套不帶音（也就是清音）的鼻音在內。

我們知道跟上古的 n- 聲母的字諧聲的，很少有 t-，d- 這類的字，但是特殊的是有幾個 n- 聲母的字往往跟吐氣的 th- 諧聲。這是很奇怪的現象，因爲 n- 是個不吐氣的濁音，本來該跟 d- 諧聲；但是並不跟 d- 諧聲而跟吐氣的 th- 諧聲。比如說：

態 th- ： 能 n-

嘆 th- ： 難 n-

這是 n- 母字跟 th- 母字諧聲的例子。其次在《切韵》時代變成 ṇ- 或 nź- 的也是如此：

丑 ṭh- ： 扭 ṇ-

恥 ṭh- ： 耳 nź-

聻 th-, 婼 ṭh- ： 若 ńź-, 諾 n-

此外還有別的例子,我不想多舉了。現在我們需要解釋的是爲甚麼 n-跟 th-諧聲,而不跟 d-諧聲。我在貴州調查苗人的語言的時候,發現苗人除掉鼻音聲母 n-之外,還有不帶音的聲母 hn-,至少有些個苗人方言裏,不帶音的 hn-,我聽起來彷彿是 n̥th-。我想 n̥a-跟 n̥tha-是很相近的,不帶音的 n̥-變成 th-不是不可能的。我想 th-母字,能夠跟鼻音諧聲,是因爲這一類 th-母字是從 hn-來的。所以我決定上古聲母在不帶音的 m̥-之外,還有一個不帶音的 hn-。

此外還有一套聲母,在《切韵》上管它叫做審母 ś-,也跟 n-聲母的字諧聲,像

恕 ś- ： 女 n-

攝 ś- ： 聶 n-

這些字也不合乎我們一般的諧聲條件;但仔細看起來,有個很顯著的情形,就是這類審母字,在《切韵》裏都是三等字。三等韵母多半都有個 j 介音在裏頭,這類字可以想像是從 hn + j-變來的,這個也等於我們平常承認的日母字從 n 變來的一套手續:

n- + j- > ńj- > ńź- > ź-

n-腭化後變成日字母。在唐朝時鼻音漸漸不顯著了,唐朝人常用日母字來翻譯西藏文的 ź-,比方西藏有一個官名叫 bźer,唐書裏把它翻作"熱"字,這是個很顯著的例子。此外的例子還不少。如果我們承認《切韵》時代的日母字是從 n-變來的,我們也可以推論審母字是從 hn-變成的:

hn- + j- > hńj- > hńś- > ś-

審母字跟 n-母字諧聲的現象,我們也可以用語音演變的方法來解

99

釋。就是上古 hn 這一類的字,在不同的情形之下,一部分變成 th-,一部分變成了 s̓-。

此外,ng-這個聲母,在上古也應該有個清音的 hng-聲母。我們也有許多例子可以想像到它演變的情況,因爲 ng-這一類字不跟 g-這類字諧聲,卻跟 h(x)-這類字諧聲,我們有不少這樣的例子,比方:

  許 xw- : 午 ngw-
  化 xw- : 吪 ngw-
  羲 x-   : 義 ng-

那麼,我們可以説 x-這類字是從清音的 hng-演變出來的,xw-也是從清音的 hngw-演變出來的。

歸納來説,我們可以在上古的鼻音聲母以外,加上一套清音的鼻音:

清脣音鼻音　　　　　清舌尖鼻音
 hm-　　　　　　　hn-
清舌根鼻音　　　　　清圓脣舌根鼻音
 hng-　　　　　　　hngw-

除此之外,還有一個我也要跟諸位討論一下,那就是 l-這個聲母,也就是所謂"來"母字。來母字的諧聲問題是相當複雜的,因爲來母字常跟舌根音諧聲,像:

  籃 l- : 監 k-

很早便有人注意到這種諧聲的情形,這大概是代表古代漢語有一個複聲母,它既不是 k-,也不是 l-,而是 kl-那一類的音。此外 l-也有跟脣音聲母字諧聲的,有些人們也認爲上古有 bl-、pl-、ml-等複聲母。這種情形也可能。以上都屬於複聲母問題,我們今天不打算討論它。另外有一個可以討論的,就是部分的來母字時常跟 th-一

類字諧聲,這也是個很特殊的現象,我現在舉幾個例子,大家一看就知道了,比方:

獺 th- ： 賴 l-
體 th- ： 禮 l-
綝 ṭh- ： 林 l-
餾 ṭh- ： 留 l-

從這些例子看來,我們要問爲甚麼 l-會跟 th-或 ṭh-諧聲？這也可說是一個古代語言演變的痕迹,古代可能有個不帶音的 l-,像現在廣東四邑方言裏也有不帶音的 l-聲母存在。我們可以寫成 hl-,到後來的《切韻》時代,這個音就變成了送氣的 th-了。這個 hl-聲母跟 th-聲母相近,我們也可以舉出唐朝人翻譯藏語 lh-的例子作證。我曾經做過《唐蕃會盟碑》的研究,發覺唐朝人用漢字翻譯西藏人的名字的時候,把西藏文的 lh-音都譯成 th-了,例如一個西藏人的名字 lha-mthong,唐朝人用"貪通"來翻譯它。還有一個西藏人名字 lho-gong 翻譯成"土公"。唐朝没有清音的 lh-,只好拿一個最相近的音(th-)去翻譯它。

今天我向諸位講的是利用中國的諧聲字問題,用比較嚴格的諧聲的可能性,去研究爲甚麼某些字例外地不跟它應該諧聲的字諧聲。有了例外,我們一定要找出來爲甚麼有這種例外？我們是否可根據這種例外假想,這類字可能在上古時候有另外一套聲母。這只是我個人的一個假設,將來大部分漢語歷史問題,還得靠跟別的語言像西藏話、緬甸話及境内少數民族語音像彝話來比較,希望將來各種比較的研究跟中國本身語言的研究,能夠湊合到一塊去可以把各方面的問題美滿解釋。希望大家有興趣的時候能在這方面多注意一下。最後,謝謝各位給我這個時間。

李方桂先生學術年表[*]

1902 年（光緒二十八年）

　　8 月 20 日，出生於廣州肇陽，祖籍山西昔陽大寨。父親李光宇，字簡齋，號印岩，任肇陽道臺。母親何兆英，左都御史何乃瀅之女，曾任清廷代筆女官。

1910 年（宣統二年）

　　家裏聘請教書先生，開始讀書、識字。

1911 年（宣統三年）

　　父親辭官，離開廣州。父親回山西老家，李方桂隨母親來北京接受教育。

1912 年

　　入北師大附屬小學。

1914 年

　　小學畢業，昇入師大附中。

1920 年

　　以優异成績畢業於師大附中，同年考取清華學校。

---

　　* 本年表由高永安撰寫。主要參考了《李方桂先生口述史》（李方桂著，王啓龍、鄧小咏譯，李林德校訂，清華大學出版社 2003 年版）、《方桂與我五十五年》（徐櫻著，商務印書館 2010 年版）、《李方桂全集·漢藏語論文集》（清華大學出版社 2012 年版）。

1922 年

選專業時,決定專攻醫科。後對拉丁文、德文感興趣,改修語言學。

1924 年

畢業於清華學校預科。入密歇根大學,插班到大三,讀語言學。

1926 年

從密歇根大學(University of Michigan)畢業,獲語言學學士學位。並獲 Phi Beta Kappa(美國大學生優等生協會)會員金鑰匙。同年進入芝加哥大學(University of Chicago)語言學研究所。

1927 年

以《沙爾西語言動詞語干的研究》(*A Study of Sarcee Verb Stems*)。獲得芝加哥大學語言學碩士學位。在讀期間曾師從柏克(Carl Darling Buck)、布龍菲爾德(Leonard Bloomfield)、薩丕爾(Edward Sapir)。

暑假期間隨薩丕爾做田野調查,結束時提交了報告《馬朵兒———一種阿塔巴斯堪語》(Mattole. An Athabascan Language)。後憑藉此獲得了博士學位。

1928 年

獲博士生資格。往哈佛大學遊學半年之後,返回母校。獲芝加哥大學語言學博士學位。

1929 年

去英國、法國、德國遊學。在柏林跟西門華特(Walter Simon)討論漢語問題。

後在加拿大做艱苦的田野調查,研究赫爾語(hare)。

受聘洛克菲勒基金會。

回國,受聘中央研究院歷史語言研究所研究員。

1930 年

往海南島作語言考察,發現當地居民的内爆音聲母。往雲南調查剥隘方言(仲家話)。

專著《馬朵兒——一種阿塔巴斯堪語》(*Mattole. An Athabascan Language*)由芝加哥大學出版社出版。

1931 年

發表《切韵 â 的來源》,載《中央研究院歷史語言研究所集刊》第 3 本第 1 分。

丁聲樹任其助手。

1932 年

與徐櫻女士成婚。

發表論文《赤坡岩語詞干表》("A List of Chipewyan Stems"),載《美國國際語言學雜誌》第 7 期。

1933 年

去泰國學習泰語(暹羅語)三個月。

1934 年

去廣西研究台語(壯侗語族語言),調查了 10 至 15 種語言,研究龍州土語、武鳴土語等。

1935—1936 年

往廣西調查天保土語、龍州儂語、武鳴僮語、西林、田州、百色、凌雲、遷江、柳州、中渡、永淳等地的僮語。

1936—1937 年

往雲南,調查呂語。

1937 年

任耶魯大學東方學系訪問教授,講授漢語音韵學。

發表《語言和方言》,提出漢藏語系分爲四個語族:漢、藏緬、苗瑶、侗台。載《中國年鑒》。

1939 年

回國,繼續任中央研究院研究員,先在昆明,後在四川宜賓的李莊,從事研究、指導一個實驗班作田野調查。班裏學生有馬學良、傅懋勣、張琨,助手丁聲樹也在其中。

1940 年

與趙元任、羅常培合譯的《中國音韵學研究》(高本漢著)由商務印書館出版。翻譯工作從 1931 年開始,耗時近十年。該書對中國音韵學界產生了重大的影響,三位譯者也糾正了高本漢原著的一些錯誤。

《龍州土語》由商務印書館出版。

招收研究生邢公畹。到燕京大學任教,携學生張琨同往。

1941 年

往貴州調查羊黃話、獨山土語。

1942 年

往貴州調查水家話、莫家話。

1943 年

發表《莫話記略》,中央研究院歷史語言研究所單刊之 20。1948 年重印於《中央研究院歷史語言研究所集刊》第 19 本。

1946 年

受邀赴哈佛大學任講師,參與編纂《哈佛燕京詞典》。

發表《赤坡岩語》("Chipewyan"),載 *Linguistic Structures of Native America*,第 6 卷。

1948 年

任耶魯大學訪問教授。帶張琨同往。

當選中央研究院第一屆院士。同時當選的語言學院士還有趙元任、楊樹達。相關學科院士有吳稚暉、馮友蘭、余嘉錫、胡適、張元濟、陳垣、陳寅恪、傅斯年、顧頡剛、郭沫若、馬寅初等。
1949 年
任華盛頓大學漢語教授。
1949—1950 年
任美國語言學會副會長。終身會員。
1952 年
任美國《中國語言學報》副主編。
1955 年
夏,執教芝加哥大學暑期學校。秋,赴臺灣參加"中央研究院"院士會議。
1956 年
發表《阿塔巴斯堪語和艾雅克語的一種名詞搆成法》("A Type of Noun Formation in Athabaskan and Eyak"),載《美國國際語言學雜誌》第 22 卷。
發表《唐蕃會盟碑研究》,載《通報》第 44 卷。
1966 年
執教俄亥俄大學暑期學校。
1969 年
華盛頓大學榮休教授。夏威夷大學教授。
1970 年
發表《上古音研究》,載臺灣《清華學報》第 9 卷第 1、2 期合刊。
8 月 25 日,在香港中文大學作題爲"中國上古音聲母問題"的講座,内容整理後發表在香港中文大學《中國文化研究所學報》第

3 卷第 2 期。

1972 年
在夏威夷大學退休，爲榮休教授。獲密歇根大學榮譽博士。

重新發表《中國的語言和方言》（"Language and Dialect of China"），載美國《中國語言學報》（JCL）第 1 卷第 1 期。表示他對漢藏語系的根本看法没有改變。

1974 年
赴臺北，參加"中研院"院士會議。爲印证舊材料，訪問泰國。

1975 年
《上古音研究》由 G. L. Mattos 譯成英文。

1976 年
獲香港中文大學榮譽博士學位。

發表《幾個上古聲母問題》，載"中央研究院"《"總統"蔣公逝世週年紀念文集》，1143—1150 頁。文章重新構擬了與舌根音諧聲的章組字，由原來的 s - 詞頭，改爲 * krj - 等。

1977 年
獲美國語言學會榮譽講座，執教夏威夷大學暑期學校。

出版《台語比較手册》（A Handbook of Comparative Tai），美國夏威夷大學出版社。利用調查的幾十種方言，全面構擬了古傣語的聲母、韵母、聲調系統。

1978 年
回北京，在中央民族學院作講座，題目是"中國語言學"。

1980 年
赴臺北，參加首屆國際漢學會議。

《上古音研究》由商務印書館出版。後附兩篇論文《幾個上古聲母問題》、《中國上古音聲母問題》。

1983 年

回國。10 月 18 日,在北大臨湖軒演講,王力主持,題目是《聲韵結合的問題》,後來發表在《中國語文》1984 年第 1 期。21 日,北大中文系爲李先生召開上古音學術討論會,發言記錄整理爲《上古音學術討論會上的發言》(會議發言:李方桂、李榮、俞敏、王力、周祖謨、季羨林、朱德熙;書面發言:郭錫良、何九盈、唐作藩、鄭張尚芳),載《語言學論叢》第 14 輯。

在中央民族學院演講。参加的人有丁聲樹、吕叔湘、傅懋勣、王輔世、喻世長、馬學良、翁獨健、于道泉、李森、林耀華、聞宥、王静如、費孝通、吴文藻等。

1985 年

泰國朱拉隆功大學爲表彰其對傣語研究的傑出貢獻,授予銀盾獎牌。

1987 年

與柯蔚南(W. South Coblin)合著《古代西藏碑文研究》(英文)由佛光出版社出版。

8 月 21 日,病逝於加利福尼亞的萊伍德市(Redwood City)。

《上古音研究》述要

高永安

漢語語音史上一般把秦漢及其以前的漢語語音叫做上古音，六朝到隋唐爲中古音，晚唐五代到清末爲近代音。上古音的研究具有悠久的歷史。經過清儒的努力，上古的韵部格局大致已定。民國時期，隨着西方語言學手段的引入，上古音研究開始從詩韵分部、聲母分合，轉變到音系構擬上來。高本漢實肇其端，林語堂、趙元任、李方桂、羅常培、王力繼踵其後。他們都是用現代語言學手段研究上古音的先驅。《上古音研究》是李方桂集多年研究心得的大成之作，至今仍然是漢語上古音研究領域的必讀書。

一、研究上古音的依據:《詩經》押韵、漢字諧聲、中古音

研究上古音是從研究《詩經》押韵開始的，對《詩經》韵例的理解和韵脚的係聯，是上古音研究的基礎。用這種方法，宋鄭庠分《詩》韵爲6部，清顧炎武分10部，江永分13部，段玉裁17部，孔廣森18部，戴震九類25部，江有誥22部。民國時期，章太炎從脂部中分出隊部，王力又分出微部，定《詩經》韵部爲30部。以後雖然還有人繼續從事這方面的研究，但是分部工作到王力之時已經基本結束了。所以，李方桂說，他不會在分部方面作努力，

他的工作是在前人已有的分部上,對古韵系統做出合理的判斷和擬測。

形聲字的聲符標誌被諧字的讀音,也就是說,在形聲字產生的時代,聲符(例如"青")和被諧字(例如"清")應該音同或者音近。一些諧聲字聲符(例如"支")跟被諧字(例如"岐")讀音有了差距,那是後來語音演變的結果。根據這個原理,就可以利用漢字諧聲研究形聲字產生時期的古音。宋代的徐蒇已經認識到了這一點,清代段玉裁宣稱"同諧聲必同部"。利用諧聲字研究聲母,要建立一系列的原則。高本漢和李方桂都有自己的諧聲原則,都同意同諧聲的字,不僅同部,而且應該具有相同的發音部位;都同意同部位的塞音互相諧聲,塞擦音、擦音互相諧聲,不跟鼻音互相諧聲。但是高本漢認爲同諧聲的字聲母發音部位可以相同,也可以相近。所以他構擬的冬 *t-:終 *t̂-諧聲,冬 *t-是舌尖塞音,終 *t̂-是舌面塞音;一般來說,舌面塞音是由舌尖塞音變化而來。但是李方桂認爲,兩組塞音的發音部位並不一樣,而且,冬 *t-類都沒有介音,而終 *t̂-類都有介音,正好形成互補分布,所以李方桂構擬的是冬 *t-:終 tj-。兩組聲母一樣,都是 t-,只是用介音指明了以後的發展。

《詩經》時期距離今天已經兩千多年,很多語音現象已經不易解釋。幸而我們有七世紀的《切韵》,它上距《詩經》約有一千年時間,這期間語音的變化雖然巨大,但是漢語的主體並沒有改變,所以,依據歷史繼承性構擬上古音,可以把《切韵》的聲母、韵母、聲調,以及四等、開合、陰陽入韵尾,都跟上古對應起來,來幫助解釋上古音的分別。

研究上古音還可以依據域外漢字音、漢藏語系語言比較、經籍舊音等資料,但是上述三類資料是主體。本書第一部分就是交代這些資料。

二、李方桂的上古音系統

李方桂的上古音系統具有自己的鮮明特點,而且多數特點具有明顯的優勢。

1. 聲母系統

李方桂的聲母系統有基本聲母系統和複輔音系統兩類。

上古聲母的研究以清錢大昕發端,他發現了古無輕唇音,中古的輕唇音聲母非、敷、奉、微都是後來從重唇音幫、滂、並、明中分化出來的;古無舌上音,中古的知、徹、澄、娘都是從端、透、定、泥中分化出來的。章太炎認爲,不但中古的泥、娘兩母在上古未分,它們還跟日同類。黄侃認爲,中古聲母中,有十九個聲母可以跟一、四等韵拼合;但是其他聲母則只能跟二三等拼合,所以他確定這十九個聲母爲古本音。以上結論,都被李方桂拿來作爲基礎。比如,①李方桂構擬的幫組爲 *p-等,那麽非組就是 *pj-等;端組爲 *t-等,知組就是 *tj-等。各組兩兩屬於同聲母,只是後接成分 *-j-預示了其以後的不同發展。這是接受錢大昕的觀點。②李方桂構擬的泥母 *n-、娘母 *nr-、日母 *nj-,正好印证了章太炎的"娘日歸泥"。③李方桂檢查高本漢的上古聲母體系,發現他的34個聲母中,有15個只在三等出現,其餘的19個則可以在一、四等出現。所以他只爲這19個聲母構擬出上古音形式,其餘的15個則是在一定條件下派生的。這就暗合了黃侃的古音十九紐說。

曾運乾認爲中古的喻三母，在上古歸匣母；中古喻四母，上古歸定母。黃侃認爲，既然錢大昕說中古的舌上音知組在上古歸舌頭音端組，那麼，中古的莊組在上古也可以歸入精組，章組也可以歸入知組，也就是歸入端組。但是，如果這幾組聲母都歸到一起，後來是怎麼分化的，就沒有條件了，這不符合語言的歷史演變規律。李方桂把端組構擬爲*t-等，把知組構擬爲*tr-等，解決了端組、知組諧聲問題；繼而把部分章組構擬爲*tj-等，這樣章組既可以跟端、知諧聲，又保持了自己的區別，可以説運思巧妙。李方桂把精組構擬爲*ts-等，把莊組構擬爲*tsr-等。這樣既區別了兩類聲母，又給出了後來分化的條件。李方桂把喻四構擬爲*r-，跟濁塞音定母很接近，可以解釋喻四和定母的諧聲、異文等問題。匣母構擬爲*g-、*gw-，喻三母構擬爲*gwj-，群母構擬爲*gj-；喻三跟群母一起，跟匣母構成了互補關係。這樣就解釋了曾運乾的發現。

李方桂給舌根音多構擬出一套圓唇音，用來解釋後來合口呼的一個來源；把喻四*r-跟邪母*rj-構擬爲接近 l 的音，然後把它們當作二等的介音。這都是受到雅洪托夫的啓發。董同龢根據一些鼻音聲母跟擦音、送氣音諧聲①，構擬了一個清鼻音聲母*m̥-。李方桂采用了董同龢的觀點，并且比董同龢走的更遠，除了接受董同龢的*m̥-以外，還構擬了一套清鼻音*hn-、*hŋ-、*hŋw-和清邊音*hl-聲母。（爲了排印方便，用 h 代替下標的"。"表示清音）

以上是基本聲母系統，下面說說複輔音聲母系統。

前述的知組*tr-、章組*tj-等、莊組*tsr-，由於其*-r-、*-j-的性質

---

① 如從"黑"得聲的有"墨"，從"民"得聲的有"昏"。

不確定，所以，李方桂説，也可以算作是複輔音。另外，李方桂受高本漢啓發，分别構擬了*kl-、*pl-等複輔音聲母。*kl-是爲了解釋"藍l-/監k-"的諧聲情況，他認爲這兩個發音部位差别很大的聲母能够諧聲，表明上古一定有個包含兩個輔音的聲母存在。同樣道理，*pl-可以解釋"戀l-/變p-"這樣的諧聲系列。但是來母l-跟舌頭音t-組的諧聲，多是來母跟送氣的透母的諧聲，所以，李方桂没有構擬*tl-，而是把這類字放在清邊音裏了。例如獺th-、賴l-來自*hl-，而不是來自*tl-。

對心母、山母等擦音跟其他部位聲母諧聲的情況，李方桂構擬了以s-開頭的複輔音聲母。如：

*sl-——婁（來母）/數（生母或心母）

*sn-——襄（心母）/曩（泥母）

*st-——妥（透母）/綏（心母）

*sth-——屯（定母）/邨（清母）

*sd-——盾（定母）/循（邪母）

*sk-——契（溪母）/楔（心母）

*skh-——告（見母）/造（清母）

*sg-——公（見母）/鬆（邪母）

這些只是舉例，按照他的理念，至少還應該有一個*sm-，以解釋喪（心母）/亡（明母）。

起初李方桂的*s-詞頭還包括書母甚至整個章組字，例如*sk-：支（章母）/岐（群母），*sg-：臤（溪母）/腎（禪母）。後來在《幾個上古聲母問題》裏做了調整，爲跟見組諧聲的章組字構擬了*krj-等，如"腎"是章組禪母字，而跟見組的"臤緊"諧聲，所以有：臤*khrin，緊*kjin，腎*grjin。這樣，中古的章組字在上古音裏就分爲兩類了：一類是跟端組諧聲的，構擬爲*tj-等；一類是跟舌根音諧聲的，構擬

爲 *krj- 等。

可以説,李方桂的上古聲母系統既簡單又復雜。簡單是説它基本上以古音十九紐爲基礎,其主體跟中古聲母系統形成緊密對應;復雜是説它内部各聲母之間的關係錯綜復雜。不過,語言系統本身就是個復雜的系統,所以,其内部關係應該就是復雜而有規律的。

2. 韵母系統

李方桂的韵母系統可以概括爲:三組韵尾、四個聲調、四個主要元音、三個複合元音、兩個介音。

三組韵尾

清人的上古音研究成果主要集中在古韵分部上。各家在韵部格局上存在分歧,一部分人主張陰、陽、入三分,戴震、孔廣森、黄侃、王力屬於這一派;另一部分人主張把陰聲韵跟入聲韵放在一起,跟陽聲韵對立,形成兩分格局,段玉裁、王念孫、江有誥屬於這一派。李方桂跟高本漢一樣,主張陰聲韵具有濁塞音韵尾,跟入聲韵在一個韵部,屬於後一派。所以,從數量上來看,黄侃有古韵28部,王力有30部,而李方桂只有22部。李方桂無意在分部上大做文章,他的注意力集中在對各部的構擬上。他的辦法就是先抓主要點,就是元音。元音相同的韵歸爲一類,然後利用韵尾、介音以相互區別。李方桂在韵尾的構擬上的創新,是把聲母部分構擬的圓唇舌根音移植到韵尾,使韵尾比别人多了一類:

陰聲韵: *-b、*-d、*-g、*-gw、*-r ⎫
入聲韵: *-p、*-t、*-k、*-kw   ⎬
陽聲韵: *-m、*-n、*-ŋ、*-ŋw

同時，他既然在聲母、介音都設置了一個 *r，就又提高了利用率，讓這個 *r 承擔了微部、歌部的韻尾。由於李方桂的入聲韻跟陰聲韻同部，這樣微部就有三個韻尾了，如：述 *djət，隊 *dəd，蓑 *sər。這個 *r 是借鑒了高本漢的構擬，但這不能不說有點兒牽強。

四個聲調

李方桂的聲調系統還是傳統的平上去入四聲，爲了標調方便，他的上聲用 x 表示、去聲用 h 表示。并且聲明這僅僅是標聲調的方法，沒有音位的區別。他不同意有人把四聲都構擬爲韻尾的差別，但是也不否認《詩經》之前的漢語，其聲調的區別有可能是用韻尾甚至複輔音韻尾表示的。

四個主要元音

以往的學者，包括高本漢、董同龢，都是就各個韻部分別來構擬其韻母的，元音系統似乎是等各部構擬完成之後水到渠成的事。但李方桂不同，他先考察各韻部的主要元音，然後確定他的四元音系統。這個程序似乎有點兒像語言調查，而這正反映了他的學統：他是布龍菲爾德、薩丕爾的得意門生，音位觀念對他來說根深蒂固。他主張一個韻部一個主元音，這樣同部的字纔可以押韻。既然二等、三等都有介音（它們可能修正主要元音），那麼一等韻的主元音可以看做這個韻部的主要元音。一個系統的元音當然是越少越簡明，所以，下一步李方桂就以主元音爲韻部歸類。請看下頁表。

除了 u 元音涵蓋兩個韻部、i 元音涵蓋四個韻部之外，ə 元音、a 元音分別涵蓋"之蒸幽中緝侵微文"和"魚陽宵葉談祭歌元"八個韻部，這就使這八個韻部內部相通起來。其整個系統只有四個主要元音、一個韻部只有一個主元音的理念，使得其音系簡明扼要。

韵部	元音	韵尾	韵部	元音	韵尾	韵部	元音	韵尾	韵部	元音	韵尾
之	ə	-k	魚	a	-k	佳	i	-k	侯	u	-k
		-g			-g			-g			-g
蒸		ŋ	陽		-ŋ	耕		-ŋ	東		-ŋ
幽		-kw	宵		-kw						
		-gw			-gw						
中		-ŋw									
緝		-p	葉		-p						
		-b			-b						
侵		-m	談		-m						
微		-t	祭		-t	脂		-t			
		-d			-d			-d			
		-r	歌		-r						
文		-n	元		-n	真		-n			

三個複合元音

四元音系統簡單明瞭,但是還不能夠完全解釋上古音韵系統。所以李方桂又構擬了三個複合元音:兩個專門爲四等韵構擬的 *iə、*ia,一個爲歌、元、祭部的合口韵母構擬的 *ua。注意這三個複合元音,它們前邊的 i 和 u 都不是介音而是元音,因此它們前邊還可以再加介音 -r-、-j-。

關於這兩個元音,我們簡單介紹如下:首先是 i 元音。它的主要職能有:1、是脂、真、佳、耕部的主要元音。2、出現在 a、ə 的前邊,標誌四等韵的上古來源。如迪 *diəkw、叠 *diəp、缺 *kwiat。3、跟三等介音 -j- 組成 -ji-,代表重紐四等。如龜 *kwjiəg。4、可以區別個別二等韵,如錆 *a/點 *ia,删 *an/山 *ian。5、唇音聲母、圓唇舌根音聲母會使其後面的 *ə 變 *u,同時其後的韵尾 -m 變 -ng。但是 *iə 會阻止 *ə 變 *u、-m 變 -ng 這兩個變化。6、在舌尖輔音、唇輔音後邊,阻止其不會發生合口介音,進而阻止唇輔音輕唇化。上古音重唇音聲母字到中古時期會在合口三等條件下變輕唇,比如伐 *bjat > bjwɐt > fɐt。但是例外情形很多,比如:"便 bjian"符合條件而沒有產生合口介音,没有輕唇化。那是因爲有個 i 元音阻止了聲母的輕唇化。

然後説説 u 元音。李方桂的上古音没有合口介音。中古的合口介音在上古有幾個來源:1、複合元音 *ua。他們只出現在舌尖音聲母後。如段 duan。2、圓唇舌根音聲母後會發生合口介音。3、唇音聲母發生合口介音,比如反 *pjan > *pjwɐn。4、當聲母和韵尾都是舌尖音時,韵母會産生合口介音。例如卒 *tsət > *tsuət。第四項跟第一項不同,第一項是在上古時期就有了 u,這個 u 是複合元音的一部分,不是介音;第四項的 u 是到了中古時期才産生的,是介音。這個 u 不是廣泛應用於每個韵部,而是只在歌、元、祭三個韵部出現。

兩個介音

李方桂要把中古音的四等上推到上古音,就構擬了 -r-、-j-,它們分別是二等、三等的介音。

先説 -r-。它是二等的介音,其功能大致有這些:1、上古端組聲母加上 -r- 之後,卷舌化變成知組 *tr-、*thr-、*dzr-、*nr-。2、上古的精組加上 -r- 之後卷舌化,變成莊組 *tsr-、*tshr-、*dzr-、*sr-。3、可以對後面的主要元音起央化作用,既可以把舌位較高的元音降下來,也可以把舌位較低的元音上昇一點。4、上古喻母四等 *r-、上古邪母 *rj-。5、上古與喻四諧聲的唇音、舌根音聲母 *brj-、grj-。另外,r 還可以作爲微部、歌部的韵尾。第 1、2 解釋了端組、知組,精組、莊組的諧聲,是介音作用於聲母;第 3 解釋上古音到中古各韵、各等的分化,是介音作用於韵母。

其次説 -j-。這是個專用於三等的介音,他的作用可以概括爲:

1、它可以使前面的輔音腭化，比如端組 *t-等腭化之後就變成中古的章組 *tj-、*thj-、*dj-、*nj-等。2、跟-r-組成上古邪母 *rj-。3、上古的 *g-、*gw-後來分化成兩部分，*gj-、*gwji-變成了中古的群母，*g-、*gw-變成了中古的匣母。4、*gw＋j 變成了中古的喻母三等。5、*-j-是三等韵母的前接介音，可以使其後面的元音向上、向前運動。前四項是介音作用於聲母，第五項是介音作用於韵母。

李方桂利用-r-、-j-兩個介音，解釋了上古聲母問題，例如端、知、章三組的諧聲問題，精組、莊組的諧聲問題，又解釋了四等在上古的區別，而且還有其他巧妙的用途，是他的獨到創見。

三、結語

李方桂的研究領域很廣，起初是研究印第安語的專家，後來在中國境内及周邊民族語言研究上做了奠基性的工作，所以被譽爲"非漢語語言學之父"。漢語上古音研究是他的重要領域。在他讀書的時候，他的導師薩丕爾就曾介紹他讀馬伯樂、高本漢的著作。畢業之際又在德國跟西門華特討論漢語音韵，結下深厚友誼。回國之後即有傳世佳作《切韵 â 的來源》(1931)、《東、冬、屋、沃之上古音》(1932)、《論中國上古音的 *-iwəng、*-iwək、*-iwəg》(1935)。他在美國工作期間，曾長期開設上古音的課程。《上古音研究》是其晚年研究的總結，其眼界之開闊、思維之縝密，一時獨步。

李方桂的上古音研究采用的主要是《詩經》押韵、漢字諧聲、《切韵》等漢語内部的材料。這種主要利用一種語言自身材料構擬歷史語音的方法，就是内部擬測法。有人認爲李方桂采用了少數民族語言的材料構擬清鼻音、清流音，因此其方法屬於不同語言的歷史比較法。其實，董同龢、李方桂借鑒的只是苗語的一個音質 m̥。其目的是爲了構擬漢語上古音，而不是爲了構擬漢語和苗語的共同語。況且具有同一音素的語言之間可能是親屬關係，可能是地域鄰接關係，也可能沒有關係。構擬清鼻音、清流音的關鍵還是漢字諧聲。李方桂的民族語言研究給予他的，主要是開闊的視野。他構擬的複輔音聲母就既照顧到親屬語言的共性，又照顧到漢語更早時期的可能，是從漢藏語系的角度來觀察漢語，是值得稱道的。

該書也有不足之處。首先，他的四元音系統太過簡單，使得 a 元音、ə元音都統攝八個韻部。按照傳統理論，這些韻部之間就都是對轉關係，這不符合《詩經》的語言事實。其次，入聲韵沒有獨立出來，陰聲韵全部構擬了塞音韻尾，使漢語成爲 CVC 的音節結構，這種處理也爲多數人所不取；而且在一個微部擠進-d、-t、-r 三個韻尾，也無法解釋押韵問題。其介音-r-、-j-的性質到底屬於聲母還是韵母？其複合元音前的 i、u 元音跟介音到底如何區別？這些問題都模棱兩可，雖可以在其系統中起到技術上的區別作用，但是從漢語音韵的原理來看，有其自身的矛盾。另外，他試圖對中古、上古作整體觀察的觀念是可取的，但要把《切韵》的所有區別（包括重紐）都上推到上古的理念，則忽視了《切韵》的綜合性質。

讀者在閱讀本書時，可以參考高本漢《中上古漢語音韵綱要》（聶鴻音譯，齊魯書社 1987 年版），王力《漢語語音史》（商務印書館 2008 年版），董同龢《漢語音韵學》第十到十三章（中華書局 2011 年版），何九盈《上古主要元音構擬》，見《音韵叢稿》（商務印書館 2002 年版，第 129—171 頁），何九盈《漢語和親屬語言比較研究的基本原則》，見《語言叢稿》（商務印書館 2006 年版，第 1—67 頁）。